U0948532

感动系列 | 最新版

不朽的箴言

GAN DONG ZHONG XUE SHENG DE 100 JU HUA

感动中学生的100句话

总主编◎刘海涛

本册主编◎王林发 黄壮宇

九州出版社 JIUZHOUPRESS | 全国百佳图书出版单位

图书在版编目(CIP)数据

不朽的箴言:感动中学生的 100 句话 / 王林发,黄壮宇主编. —北京:九州出版社, 2009.4(2021.7 重印)

(“读·品·悟”感动系列:最新版 / 刘海涛主编)

ISBN 978-7-5108-0040-5

Ⅰ. ①不… Ⅱ. ①王…②黄… Ⅲ. ①格言-汇编-世界 Ⅳ. ①H033

中国版本图书馆 CIP 数据核字(2009) 第 053932 号

不朽的箴言:感动中学生的 100 句话(最新版)

作　　者　王林发　黄壮宇　主编
出版发行　九州出版社
地　　址　北京市西城区阜外大街甲 35 号(100037)
发行电话　(010) 68992190/2/3/5/6
网　　址　www.jiuzhoupress.com
电子信箱　jiuzhou@jiuzhoupress.com
印　　刷　北京一鑫印务有限责任公司
开　　本　710 毫米×1000 毫米　1/16
印　　张　14.5
字　　数　200 千字
版　　次　2009 年 5 月第 1 版
印　　次　2021 年 7 月第 3 次印刷
书　　号　ISBN 978-7-5108-0040-5
定　　价　39.90 元

新课程·新学法·新成果

刘海涛

这是一种与以往不同的新的学习方式。

在中小学语文新课标里这种学习方式被定义为探究式学习，在高中和大学里被理解为研究式学习。同学们在教师的指导下，确立了一个探究文学问题的目标，为了解决这个问题就需要重新整合自己过去已学过的知识，重新确定新的阅读材料和阅读方法，通过自己投入身心的感受、体验以及创造性的写作去表达自己的理性认识和审美态度。这种阅读、品味、感悟的全过程就是一种语文选修课(研究型课程)要经历的全过程。这样的课程和过程，有利于培养过去的语文教学中比较忽略的鉴赏能力和语文素养；有利于激活同学们主动地创造性地进行自主学习的积极性；有利于把“成功素质教育”的实施真正落实到教与学的实处。

在大中小学语文学科的教学改革中究竟怎样有效地开发出这种带有研究性质的文学类选修课？怎样引导学生的课外文学阅读？怎样构建同学们开展研究式阅读和创造性写作的教学平台？这样一种“读·品·悟学习法”开始引起了众多师生的关注。“读·品·悟学习法”是让同学们在自己感兴趣的文体中开展广泛的有选择性的文学阅读，在广泛的文学阅读中挑选出一篇或一组真正感动了他们、启迪了他们的文学精品，并把这些挑选出来的文学精品当做他们研究社会、研究人生、研究历史，甚至是研究他们自己的案例。在赏析、解读、研究、评鉴的过程中，他们的思想、感情被文学精品隐含的意蕴激活了，他们联想了自己已经经历的生活，他们想象了自己未曾经历过的生活，他们初步学会了用一种人文社科的研究方法去探究文学案例，并创建一种他们用自己的眼睛和心灵观察过、体验过的生活世界和艺术世界。

多少年来一直被教育理论家倡导的“自主性学习”、“探究式学习”以致那种“快乐学习”、“快乐教育”的情景在这里显现了。同学们体验到了一种自己掌握自己学习的愉悦。他们好像是在大声喧闹着展开一场智力竞赛——看谁选的文章好看，看谁写的研究性文章分析到位，看谁编选的文集拥有的读者多。一种新的阅读方式在这种“竞赛”中启动了，一种真正的“我手写我口”、“我手写我心”的写作本体观在这种“竞赛”中重现了，一种“成功教育”、“快乐教育”的情景悄无声息地来临了……

他们在做着他们的老师在50岁时才开始做的主编工作，他们学会了用青少年的眼光和心灵去选择他们需要的文学精品和文学案例；他们选出来的文学精品甚至让他们的老师大跌眼镜——一些名不见经传的作者和作品频频亮相于他们的文集中——这并不奇怪，因为他们的选文标准是真正拨动了他们心弦的东西。经典的作品因为拨动了青少年的心弦他们选了，不那么经典的作品只要能拨动了青少年的心弦的他们也选。他们工作后的副产品能让许多社会学家、心理学家、青少年思想教育家颇感兴趣，因为这个“感动系列”已经成为一扇把握当代青少年学生的思想脉搏，了解他们那些或者是朴素的、或者是新潮的、或者是另类的价值观的一个窗口。他们的工作也可能会让一些当代文学的研究者、参与者颇感兴趣，他们实际上在做着一项分类准确、原则鲜明的当代文学选本工作，这样的选本可以说是为权威专家的文学选本贡献了一个特定的“补充”。他们的工作还可能会让一些课程理论专家和教学理论专家颇感兴趣，他们“读·品·悟”的全过程不正是一个典型的课程构建过程吗？

“读·品·悟学习法”催生了“读·品·悟感动系列丛书”。这套丛书的组稿与出版，显影了大中小学语文学科正在生长、发育的一种课程新理念，这就是——“审美型阅读、研究式学习、创造性写作”。这个语文新课程理念隐含着成功素质教育的内核，体现着现代教育的真正本质，也为基础教育、高等教育的课程改革培育了一个生动的教学案例。

目录

Part One

爱国篇·拳拳爱国心

这片土地浸染了革命先烈的鲜血与汗水；这片土地承载了祖祖辈辈的希望与期盼；这片土地实现了千千万万的光荣与梦想。世事变幻，经历了许多湮(yān)没在历史波涛中的陈年往事，我们依然对这片土地爱得深沉。

目录

Part Two

人生篇·漫步人生路

人生就如同候鸟的一次季节性迁徙，你从来不知道离目的地还有多远，也不知道目的地那儿有什么在等待你。途中，会有阴雨，也会有阳光；有风景如画的平原，也有寒风凛冽的雪山。如何才能在这征途中，收获快乐与成功？幸好，我们有的是历史与书籍，它们就像领头的大雁那样，给我们指出是与非、高尚与粗俗，使我们能在苍茫中找到方向。

脊梁不弯，他就扛得起一座山！ / 洪战辉

053 读一切好书，就是和许多高尚的人谈话。 / [法]笛卡儿

055 没有哪个胜利者信仰机遇。 / [德]尼采

057 生如夏花之绚烂，死如秋叶之静美。 / [印度]泰戈尔

059 岂能尽如人意，但求无愧于心！ / [法]罗曼·罗兰

061 人生最宝贵的是生命，生命属于人只有一次。一个人的生命应当这样度过：当他回忆往事的时候，他不致因虚度年华而悔恨，也不致因碌碌无为而羞愧。 / [苏联]奥斯特洛夫斯基

Part Three

亲情篇·溶在血液里的爱

有一种爱，流在血液里，总不轻易被我们提起。那些曾被给予的温情和感动，却是我们身后不变的原点，让我们只需轻轻想起，便无法忘记。不管你快乐，沮丧，痛苦，彷徨，它永远轻轻地走在你成长的路上，悄悄地伴着你，直至岁月的终老。

064 树欲静而风不止，子欲养而亲不待。 /（西汉）韩婴

066 慈母手中线，游子身上衣。临行密密缝，意恐迟迟归。谁言寸草心，报得三春晖。 /（唐）孟郊

068 母亲，倘若你梦中看见一只很小的白船儿，不要惊讶它无端入梦，这是你至爱的女儿含着泪叠的，万水千山求它载着她的爱和悲哀归去。 / 冰心

070 家庭是每个人的城堡，世界上没有一个地方比自己的家更舒适，无论那个家是多么简陋、多么寒碜。 / 梁实秋

072 “孝”是稍纵即逝的眷恋，“孝”是无法重现的幸福，“孝”是一失足成千古恨的往事，“孝”是生命与生命交界处的链条，一旦断裂，永无链接。 / 毕淑敏

074 成功的时候，谁都是朋友；但只有母亲——她是失败时的伴

Part Four 友情篇·高山流水

有这样的一朵花，需要用忠诚去播种，用热情去灌溉，用谅解去维护；

有这样的一道阳光，照亮每一处荒凉的角落，唤醒每一个孤独的灵魂；

有这样的一首曲调，人生道路上不可或缺；有这样的一个人，陪你一起笑，一起哭……

096 士为知己者死，女为悦己者容。/《战国策》

098 海内存知己，天涯若比邻。/（唐）王勃

100 莫愁前路无知己，天下谁人不识君。/（唐）高适

102 同是天涯沦落人，相逢何必曾相识。/（唐）白居易

104 千里送鹅毛，礼轻情义重。/（南宋）罗泌

106 可进可出，若即若离，可爱可怨，可聚而不会散，才是最天长地久的一种好朋友。/（台湾）三毛

108 友谊和花香一样，还是淡一点的比较好，越淡的香气越使人依恋，也越能持久。/（台湾）席慕容

110 一个无言的起点，指向一个无言的结局，这便是友情。/余秋雨

112 得不到友谊的人将是终身可怜的孤独者。没有友情的社会则只是一片繁华的沙漠。/［英］培根

114 富贵固然和友谊的好坏无关，但是贫穷却最能考验朋友爱憎分明的真假。/［英］莎士比亚

116 友谊总需要用忠诚去播种，用热情去灌溉，用原则去培养，用谅解去护理。/［德］马克思

119 和你一同笑过的人，你可能把他忘掉；但是一同和你哭过的人，你却永远不忘。/［黎巴嫩］纪伯伦

Part Five

爱情篇·藏在心里的秘密

岁月在慢慢流逝，多年前的一场相遇，你我在擦身的刹那回头一瞥，却压抑了心底深处那份青春的躁动。那里有甜甜的回忆，也有淡淡的遗憾，如同涓涓细溪在心底慢慢地流淌……

多年后，当再次回忆起那一年的相遇，你是否还能清晰记住那一份封藏在心底的印记？

122 春蚕到死丝方尽，蜡炬成灰泪始干。/（唐）李商隐

目录

却不知道我爱你。 /［印度］泰戈尔

150 我们已经困处于爱情凋萎的时刻，如今我们忧伤的灵魂厌倦而消沉；分手吧，趁情热季节未把我们忘却，在你低垂的额头留一个含泪的吻。 /［爱尔兰］叶芝

Part Six 美德篇·谦谦君子风

它像一泓清泉，滋润着我们年轻的心田；它像一袭阳光，照耀着我们不息的生命；

它使我们年轻，使我们美丽，使我们快乐……于是，我们的生命从此开始闪光。

154 宝剑锋从磨砺出，梅花香自苦寒来。 /《警世贤文》

156 忍一时风平浪静，退一步海阔天空。 /《增广贤文》

158 举世皆浊我独清，众人皆醉我独醒。 /（战国）屈原

160 燕雀安知鸿鹄之志哉！ /（秦）陈胜

162 非淡泊无以明志，非宁静无以致远。 /（三国）诸葛亮

164 勿以恶小而为之，勿以善小而不为，唯贤唯德，能服于人。 /（三国）刘备

167 伟大的心胸，应该表现出这样的一种气概——用笑脸来迎接悲惨的厄运，用百倍的勇气来应付一切的不幸。 /鲁迅

169 爱在左，情在右，走在生命的两旁，随时播种，随时开花，将这一径长径点缀得花香弥漫，使得穿花拂月的人踏着荆棘，不觉痛苦，有泪可挥，不觉凄凉。 /冰心

171 做好自己的本职工作就是最大的政治。 /钟南山

173 吾爱吾师，但吾更爱真理。 /［古希腊］亚里士多德

175 生命不可能从谎言中开出灿烂的鲜花。 /［德］海涅

177 快乐的笑容是室内的阳光。 /［英］萨克雷

目录

Part Seven 哲理篇·蒙娜丽莎的微笑

一句句话细心品读，宛如在初夏的清晨，推开窗户寻找真理和智慧的源泉，宛如在漆黑的夜空中，点亮一盏轻松而潇洒的生活明灯，照亮自己的人生道路。这笔丰厚的精神财富，让你知晓人生规律，领悟生活真谛。

生。/[美]爱默生

209 如果错过太阳时你流了泪，

那么你也要错过群星了。/[印度]泰戈尔

211 世界上最快而又最慢，最长而又最短，最平凡而又最珍贵，最容易被人忽视，而又最令人后悔的就是时间。/[苏联]高尔基

213 人可以被毁灭，但不可以被打败。/[美]海明威

假如生活欺骗了你，不要忧郁，也不要愤慨！不顺心的时候暂且容忍：相信吧，快乐的日子就会到来。

Part One

爱国篇·拳拳爱国心

这片土地浸染了革命先烈的鲜血与汗水；这片土地承载了祖祖辈辈的希望与期盼；这片土地实现了千千万万的光荣与梦想。世事变幻，经历了许多湮（yān）没在历史波涛中的陈年往事，我们依然对这片土地爱得深沉。

长太息以掩涕兮，哀民生之多艰。

——（战国）屈 原

“长太息以掩涕兮（xī），哀民生之多艰”出自屈原的《离骚》，意思是：长长哀叹一声，眼泪止不住地流了下来，我是在痛心人民的生活是多么的艰难。在《离骚》中，这是最让人感动的一句，当读到这里的时候，屈原一边痛哭流涕一边仰天高歌的形象跃然纸上，让人震撼不已。

作为世界四大文明古国之一，中华民族经历了几千年的风风雨雨，一路披荆斩棘走过来，秦汉气象，大唐盛世，中国曾经引领着世界前进；四大发明，丝绸陶瓷，中国曾经在世界上独领风骚。我们应该为自己生长在这样一个优秀的民族而自豪。

作为中华民族的一员，身上流的是炎黄子孙的血，我们当有一颗深爱华夏之心。屈原远去了，但其精神永存。爱国之情在屈原的身上表现得淋漓尽致，他勇于为祖国献身的精神给予世人深深的震撼，他那种巨大的人格魅力征服了所有中国人的心。中华民族正是因为有千千万万个“屈原”才得以长盛不衰，才得以源源不息。

与其说屈原是以伟大的诗人形象千百年来被传颂，不如说他是凭着那一颗对国家无限眷恋的赤子之心而被世人所缅怀。屈原深深地爱着他的祖国和人民，赤诚之心可昭日月，忠贞之意可鉴天地。千百年来，屈原的爱国形象早已深深地烙在了中华民族的心中。

古人尚且如此，作为新时代的我们，更应该以振兴中华为己任，先天下之忧而忧，后天下之乐而乐。中华民族是世界上最优秀的民族之一，我们不惧怕任何的困难。中华男儿，当以国家之光荣为己荣，勇于开拓创新，积极进取，为实现中华民族的伟大复兴而奋斗。

（龚学超）

屈原（约前340~约前278），名平，字原，战国末期楚国丹阳（今湖北宜昌秭（zǐ）归）人。他是中国浪漫主义诗歌的开拓者，开创了具有楚地特色的文体“楚辞”。主要代表作有《离骚》、《九章》、《九歌》、《天问》等。

名人故事

屈原早年深受楚怀王信任，后来由于自身性格耿直，加之他人谗言与排挤，逐渐被楚怀王疏远。怀王三十年，秦约怀王武关相会，怀王被秦扣留，最终客死秦国。顷襄王即位后，屈原再次被逐出郢都，流放江南，辗转流离于沅、湘二水之间，屈原痛苦不已，于极度的悲愤中写下了《离骚》。前278年，秦国大将白起挥兵南下，攻破了郢都，楚国灭亡。屈原在绝望和悲愤之下怀抱大石投江而死。

屈原深得楚国百姓的爱戴，传说他抱石自投汨（mì）罗江之后，楚国百姓悲痛欲绝，纷纷涌到汨罗江边去凭吊屈原。人们划起船只，想把屈原打捞出来，但是，由于汨罗江水急浪高，凶险异常，打捞工作非常困难。人们怕鱼虾水兽咬坏屈原的身体，纷纷把饭团、鸡蛋等食物扔下去给鱼虾水兽吃。有一位老医师则拿来一坛雄黄酒倒进江里，说是要药晕蛟龙水兽。后来因为怕饭团为蛟龙所食，人们便用楝树叶包饭，外缠彩丝后，

再扔下江去。人们纷纷借此来纪念爱国诗人屈原。此后，在每年的五月初五，便有了龙舟竞渡、吃粽子、喝雄黄酒等传统风俗。

捐躯赴国难，视死忽如归。

——(三国)曹 植

"捐躯赴国难，视死忽如归"出自曹植的早期诗歌《白马篇》(又名《游侠篇》)。此诗歌颂了边塞游侠儿捐躯赴难、奋不顾身的英勇行为，塑造了一位武艺高超、渴望卫国立功甚至不惜牺牲的游侠少年形象。而这形象，既是诗人的自我写照，又凝聚和闪耀着时代的光辉，表达了诗人建功立业的强烈愿望。

翻开沉重的历史巨册，这五千年来，上演了多少英雄逐鹿、救国救难的感人故事？英雄豪杰们，为了保卫祖国，不惜抛头颅、洒热血，甚至献出自己的生命也在所不辞。大禹治水、岳飞抗金、戚继光抗倭、林则徐虎门销烟等，到近代的抗日战争中数不胜数的英雄事迹，可歌可泣，令人自豪骄傲。

曾有一位学生在课堂上感情激昂地说："我要是生长在战争年代，必定会征战沙场，誓死杀敌，保卫国家！"大有生不逢时、怀才不遇之感。当时引起了同学们的哄笑，但这话又道出了多数学生的心声和面对理想与现实矛盾的迷茫。和平年代，不必再上演战场血腥相残的悲剧，那么爱国主义又该如何体现呢？回顾2008年，雪灾、汶川大地震、洪灾等一系列的自然灾害，像一个个狰狞的魔鬼在疯狂地侵害着人民的生命财产。然而，那一批批奔赴灾区的解放军战士、一群群真诚无私的志愿者，还有全国人民伸出的援助之手，让我们在灾难的寒冬中看到了春天的温暖，看到了无数颗暖暖的爱国之心。

（黄莉梅）

名话名人

曹植（192~232），字子建，曹操之子，曹丕之弟。曹植天资过人，才华横溢，自幼便熟读诗、文、辞赋等，出口成文，下笔成章，深得曹操的宠爱。其《七步诗》、《洛神赋》是千古流传的名篇。

名话故事

2008年6月18日，济南军区“铁军”部队炮兵指挥连26岁的年轻士官武文斌因劳累过度，牺牲在抗震救灾第一线。听闻这一消息，上万民众为他哭别。大部分参加吊唁的人都与武文斌素昧平生，他们只听说：一位解放军战士在抗震救灾中活活累死了！仅这一句话，已经让人们泪流满面。

2008年5月13日，武文斌所在的部队接到急赴灾区的命令，被安排留后的武文斌坚决要求奔赴一线。部队到达灾区后，他和战友们始终奋战在第一线。他和战友们翻越三座大山，走遍了都江堰市玉堂镇的12个村7816户人家，把食品和饮用水及时送到受灾群众手中；搜救失事直升机，他不畏山高路险，一直在最前面探路，三次滚下山，幸被树木拦住；灾后安置重建，他一个人干几个人的活，身上多处被划伤。

“我们一定要多救人，才能对得起身上的这身军装。”武文斌对战友们说。在他参与抗震救灾的32个日子里，他总是找活干、抢活干，别人拦

也拦不住。他身上的迷彩服总是湿了又干，干了又湿。战友们说，他心里装的全是灾区群众。

6月17日傍晚，在受灾群众安置点劳累了一天的武文斌和连队70多名战友一起，冒雨再次执行8车活动房板材的卸载任务。干完活后，连队干部安排他歇息，但他却又去帮助别的班排的战友们卸车。然而不幸的是，就在这个夜晚，武文斌因劳累过度，引起肺部大出血而停止了年轻的生命。

灾难面前，始终不忘人民和国家的人，是我们学习的榜样；始终将国家和人民利益放在首位的爱国精神，是我们勇往直前的动力之源。

黄沙百战穿金甲，不破楼兰终不还。

——(唐)王昌龄

“黄沙百战穿金甲，不破楼兰终不还”出自王昌龄的边塞诗名作《从军行》。全诗为：“青海长云暗雪山，孤城遥望玉门关。黄沙百战穿金甲，不破楼兰终不还。”“黄沙百战穿金甲，不破楼兰终不还”，这是何等的豪迈，何等的坚定啊！为了保卫祖国，热血沸腾，豪情万丈！

没有国，哪有家？没有家，哪有我？没有国家的强大，没有国家的保护，人民便若草芥。国家，是人民坚定的保护神。因此，保家卫国，成了许许多多有志之士的远大理想。为了国家的稳定，为了人民的安康，多少读书人曾弃笔从戎，多少将军不惜“百战死”！

凌云壮志，像一面旗帜，凌驾在边疆的天空，有力地舞动着，呐喊一个梦：杀敌、卫国，执著而坚定！于是，凄风苦雨可以忍受，再钻心的痛苦都会咬紧牙关挺过。整个身心，始终回荡着一股气——一股坚持到底誓不罢休的意气！

泱泱中华，上下五千年。先辈们抛头颅洒热血，为我们赢得了国家的强大。因此，我们在感动的同时，更应该继承这种爱国热情。如果我们每个人都有“黄沙百战穿金甲，不破楼兰终不还”的豪情壮志和吃苦精神，那么，我们的国家将更加的稳定、安宁和富裕。

（殷兆伟）

王昌龄（698~757），字少伯，京兆长安人，是唐朝颇负盛名的诗人之一。王昌龄擅长边塞、送别、闺情宫怨等题材，“七绝”写得尤为出色，并因此被后人誉为“七绝圣手”。

李广，西汉名将，陇西成纪人。西汉时，匈奴大举入侵边关，李广少年从军，抗击匈奴。他作战英勇，杀敌颇众，深得皇帝赞赏。

一次，匈奴进攻上郡，汉景帝派了一名亲随到李广军中，这名亲随带了几十骑卫士出游，路上遭遇三名匈奴骑士。结果，卫士们全被射杀，亲随本人也中箭逃回。李广闻讯，即率百名骑兵追击，亲自射杀其中两人，生擒一人。刚把俘虏缚上马，匈奴数千骑兵赶来，见到李广等人，以为是汉军诱敌之兵，连忙抢占了一座高地。

李广所带的百骑兵士慌忙上马欲逃。李广大喝：“我们远离大军数十里，逃必死！不逃，匈奴以为是诱敌之计，必不敢攻击我们。”遂带领兵士向匈奴骑兵迎去，离匈奴阵前二里之遥，他令士兵下马解鞍，匈奴搞不清他们的意图，果然不敢攻击，只派一名将官出阵试探，李广飞马抢到阵前，将他射落马下，然后从容归队。到夜半时，匈奴人认为一定有汉军埋伏夜袭，遂引兵而去。

先天下之忧而忧，后天下之乐而乐。

——(北宋) 范仲淹

范仲淹擅长写诗词散文，其文辞秀美，气度豁达，富有强烈的爱国精神。他的散文《岳阳楼记》是千古名篇，而“先天下之忧而忧，后天下之乐而乐”正是这篇文章中脍炙人口的名句，意谓：应当在天下人忧愁之前先忧愁，在天下人都享乐之后才享乐。

吃苦在前，享受在后，始终把国家、人民的利益摆在首位，这正是范仲淹一生的光辉写照。人，不应当只为自己而活，而应该怀着伟大的抱负、广阔的胸襟为国家而活。活着就意味着一种责任，一种付出。每个人都有属于自己的角色身份，都要完成这个角色应有的使命，才能保证这个民族的正常发展和昌盛；也只有拥有旷达的胸襟和远大的抱负、敢于认识和承担自己的使命与责任、心怀民生社稷和家国天下的人，才会有一番大作为。历经多重劫难的中华民族，正是因为有大批爱国人士保持着这种忧患意识，才使我们的民族在磨难中不断发展而保持不衰不败。常存忧患，不忘忧患，才能心系国家的发展，从而不断鞭策自己，积极向上，奋发有为！

（何海英）

范仲淹（989~1052），字希文，北宋杰出的政治家、军事家和文学家。范仲淹少年时期家境穷困，深感人民疾苦，中年做官后始终以清廉律己。他为官敢于直谏，曾负责西北边防，屡立战功，后任参知政事（副宰相），提出革新朝政的建议，但因触动保守派利益，遭到贬谪。死后谥文正，著有《范文正公集》。

名话故事

霍去病是西汉时期赫赫有名的大将，他一生曾四次领兵出塞攻打匈奴，共歼敌11万多人，战果累累。

元狩二年（公元前121年）春天，19岁的霍去病独自率领一万精兵出征匈奴。在这次持续六天的战役中，他转战匈奴五个部落。经过激烈的对战，霍去病取得了胜利。同年夏天，汉武帝又命霍去病带兵收复河西。在没有援军的情况下，霍去病率领大军长途跋涉，绕道匈奴主力的后方，在地形复杂的河西走廊孤军切断匈奴军队的退路，一举歼灭匈奴在河西地区的主力。经此一役，匈奴不得不退到焉支山北，汉王朝收复了河西平原。从此，汉军军威大振，而19岁的霍去病更成了令匈奴人闻风丧胆的战神。

河西战役的胜利，充分地显示了年轻的霍去病过人的军事指挥才能。汉武帝对霍去病的战功大加赞赏，并且给予封赏。为了奖励霍去病，汉武帝特意命人为他在长安建造一座宅院。但霍去病将国家安危和建功

立业放在一切之前，一心以国家利益为重。他气概豪壮地说“匈奴未灭，何以家为”，婉言谢绝了汉武帝的好意。

位卑未敢忘忧国，事定尤须待阖棺。

——(南宋)陆　游

“位卑未敢忘忧国，事定尤须待阖棺”出自陆游的《病起书怀》。全诗为：“病骨支离纱帽宽，孤臣万里客江干。位卑未敢忘忧国，事定犹须待阖棺。天地神灵扶庙社，京华父老望和銮。出师一表通今古，夜半挑灯更细看。”诗句从衰病起笔，以挑灯夜读《出师表》结束，所表现的是百折不挠的精神和永不磨灭的意志。这诗句与顾炎武的“天下兴亡，匹夫有责”意思相仿，意思是说虽然自己地位低微，但是从没忘掉忧国忧民的责任。它弘扬了中华民族热爱祖国的伟大精神。

千百年来，中华民族之所以能在波诡云谲的浪潮中扬帆前进，历经沧桑而立于世界民族之林，就是因为有这么一种坚如磐石的爱国主义情感和信念作为民族精神的支柱，作为祖国发展腾飞的不竭动力。在历史长河中，涌现出了许许多多可歌可泣的爱国英豪：有虎门销烟的爱国将领林则徐，有舍身炸碉堡的解放军战士董存瑞，有“杂交水稻之父”袁隆平……他们都是最可爱的人，是我们学习的榜样。

作为新时代的年轻人，我们不能安于现状，而要精益求精，与时俱进。我们不一定像他们那般轰轰烈烈，只要立足自身的岗位，扎扎实实地学好科学知识，辛勤工作多奉献，就能为国家作出贡献。

（黎晓玲）

名话名人

陆游(1125~1210)，字务观，号放翁。越州山阴(今浙江绍兴)人。南宋诗坛领袖，伟大的爱国诗人，在中国文学史上享有崇高地位。他与尤袤、杨万里、范成大齐名，并称“南宋四大家”。一生著述丰富，有《剑南诗稿》、《渭南文集》等。

名话故事

南宋有个著名将领叫岳飞。由于出生于一个贫苦农家，小小年纪的他就得下田干活。在艰辛的劳动中，岳飞练就了强健的体魄。不久他报名参军。就在他走上战场的前夕，深明大义的母亲在他背上刺下了“精忠报国”四个大字，嘱咐他一生一世都要为国家和民族的利益而奋勇杀敌。

岳飞参军后，一直坚持战斗在抗金的最前线，为挽救民族的危亡而英勇杀敌。他率领的“岳家军”不畏强敌，多次与金兵交锋，均获胜利，“岳家军”声威大震。而皇帝赵构却重用宠臣主和派代表黄潜善、汪伯彦等人。为了拯救苦难的同胞，把金兵驱逐出境，岳飞不顾自己位卑言轻，上书给皇帝赵构，坚决反对继续向南逃跑，力谏赵构返回汴京。这道奏书进呈后，触怒了赵构和黄、汪这些妥协投降派。他们以“小臣越职，非所宜言”的罪名，把岳飞的官职革掉了。闲居三个月后，岳飞难以压抑心中报效国家的强烈意愿，投奔河北招讨使张所。岳飞决心以身许国，恢复故疆，以报答父老乡亲。从此，岳飞又转战在抗金的战场上，而且越战越勇，“岳家军”的旗帜成了抗金力量的象征。金兵统帅惊呼：“撼山易，撼

岳家军难！”

1140 年，正当岳飞奋勇前进，胜利在望的时候，赵构和宰相秦桧却害怕“岳家军”强大起来之后，成为南宋政权的威胁。因此，以“孤军不可久留”为借口，在一天之内连下 12 道金牌，强令岳飞退兵。岳飞对此极为悲愤，长叹道：“十年之功，废于一旦！”岳飞退兵时，中原人民拦住军马，哭声盈野，岳飞也潸然泪下。

岳飞回到临安后，赵构和秦桧为了向金兵求和，诬陷他唆使部下谋反，以“莫须有”的罪名把岳飞送进监狱。1141 年 12 月，岳飞和他儿子岳云、部将张宪等一同被害。临刑前，他奋笔疾书，写下“天日昭昭，天日昭昭”八个大字，意思是“老天有眼啊，老天有眼啊！”

岳飞被害后，南宋与金人订立了可耻的绍兴和议，向金朝称臣纳贡，大片土地沦于金人之手。岳飞虽然惨遭杀害，但他的忠贞精神和光辉业绩，深深地铭刻在人民的心中；而奸臣秦桧等人，被铸成铁像，反绑双手，长跪于英雄墓前，被万世人民唾骂。

人生自古谁无死，留取丹心照汗青。

——(南宋) 文天祥

“人生自古谁无死，留取丹心照汗青”出自文天祥的《过零丁洋》，此

诗是文天祥被元军扣留后而写的。当时国家正处于水深火热之中，文天祥深感忧虑，恨未能拯救国家而倍感自责。此句意为，自古以来，人终不免一死，但死要死得有意义，死得光照千秋，青史留名。

文天祥教会我们如何不失坚贞的气节。人是国家的细胞，国家是人的美好家园。因而，我们从小就要树立国家荣誉感，要培养爱国主义思想和坚定强烈的爱国心，团结一致，这样我们的国家才会富强起来。当我们的家园遭到破坏的时候，当我们面临国难的时候，我们就要表现出不屈的气节和顽强的拼搏精神。古往今来，有多少仁人烈士为了国家而失去了生命，但是他们死了吗？没有！他们永远活在我们的心中。

是的，多少英雄在洪水、台风、地震、病魔等灾难面前，为了保护人民，拯救人民而付出生命，但是他们的死是重于泰山的。我们应该有“人生自古谁无死，留取丹心照汗青”这样的胸襟，为我们的国家贡献更多的力量。

（吴亚枚）

文大祥（1236~1283），原名云孙，字天祥、履善、宋瑞，自号文山、浮休道人，吉州吉水（今属江西吉安）人。曾任过多个官职，最高至丞相，封信国公。文天祥是我国杰出的爱国诗人，有《文山全集》传世。

唐德宗时期，淮西节度使李希烈谋反。藩镇朱滔、王武俊、田悦、李纳都派使臣前去上表称臣。使臣奉承李希烈说：“都统天赋英武之才，有盖世的功业，朝廷已产生猜忌。如不反唐，就会像秦国大将白起、汉朝大将韩信那样，被朝廷斩杀。希望赶快称王，让天下臣民有所依归。”

李希烈深知大唐皇帝派来的宣慰使颜真卿有经天纬地之才，很希望

拉他过来一同反叛，便对他说："如今四王派臣使来拥戴我为帝，不谋而同，可见朝廷猜忌不容的，不只我一个。"颜真卿听了，义愤填膺，义正词严地回答："这四人是四大奸臣，怎么能称他们为四王！你不保着自己的功勋业绩，做大唐的忠臣，竟与乱臣贼子为伍，这是自取覆亡！"李希烈听了这番话很不愉快。

另一日，四藩镇的来使与颜真卿同桌吃饭，他们劝道："太师德高望重，我们闻名已久。正当都统准备建国，您恰巧来到，这是上天赏赐给都统一位宰相。"颜真卿见他们如此狂悖，呵斥道："哪个是宰相！你们知道有一位痛骂安禄山而死的颜杲卿吗？他是我的哥哥。我虽然快80岁了，但保持节操，舍生取义的道理还是懂的，又怎会经不起你们这些小人的威逼利诱呢！"四个使臣见颜真卿正义凛然，不敢再多说一句话。

李希烈见颜真卿不肯归降，便派人在庭院中挖坑，叫嚷若颜真卿若再不归顺，便活埋了他。颜真卿面对狂徒的叫嚣，并不畏惧，反而表现得更加从容、镇定。他对李希烈说："死是迟早的事，但死的价值不同。我不会从你叛逆。快拿剑来杀我吧！"李希烈的威吓又以失败告终。

经过多次的威逼利诱，颜真卿宁死不肯变节。李希烈见不能将他降服，便派人将他缢死。

颜真卿死了，他忠贞守节的美名，却永远标载史册，千古不灭。

天下兴亡，匹夫有责。

——（明）顾炎武

“天下兴亡，匹夫有责”出自顾炎武的文章《日知录·正始》。天下，可以解释为国家。其意思为：一个人再卑微，也有职责去保卫家国天下的安危，国家的荣辱兴衰与每个人都息息相关。作为个人，既有权利也有义务承担起天下兴亡的重任。

爱国主义历来是人类最崇高的感情之一。千百年来，为了它，人们不惜抛头颅、洒热血。中国是一个拥有五千年灿烂文化的国家，丰富的文化底蕴让华夏子孙多了一份优越感、自豪感。然而，中华民族又是一个多灾多难的民族，五千年风霜雨雪的洗礼，不仅孕育了它的灵气，也刻下了无数斑驳的创伤。这一切带给中国人荣誉的同时又多了一份沧桑感，国家责任感也因此倍感沉重。

今天，我们生活在和平幸福的环境中，没有战争的硝烟，生活安稳舒适。然而，这并不等于爱国主义精神可以丢失或者遗弃，一旦国家出现危难，爱国主义精神就会像沉寂已久的火山，喷发出巨大的能量来。

“祖国”是一个神圣的字眼，爱国是一种伟大的人格、高尚的精神，深爱祖国的人是幸福的，艾青就曾用诗句诠释过这种幸福——“为什么我

的眼里常含泪水?因为我对这土地爱得深沉。”每个人都离不开自己的祖国,每个人的命运都与祖国息息相关。顾炎武说得好,“国家兴亡,匹夫有责”,对于每个炎黄子孙来说,人人都有责任建设好祖国的未来,肩负起振兴中华的重任。

（柯小莺）

顾炎武(1613~1682),明末清初人,出身名门望族。本名绛,字忠清,“炎武”是明朝灭亡后改的名字,他自称蒋山佣,又被尊称为亭林先生,是著名的思想家、史学家、语言学家。主要著作有《日知录》、《音学五书》、《亭林诗文集》等。

据史载,顾炎武年幼时被过继给了叔父。嗣母王氏是一位个性刚强,知礼仪,识大体的女子,她勤劳善良、心灵手巧,又有较高的文学修养,平时喜欢读《史记》一类的史书,也很关心国家天下大事。对于顾炎武,王氏寄予了很大的期望,她希望把儿子培养成为一个学识渊博、品格高尚的人。因此,她常常给顾炎武讲一些历史的和本朝的名人故事,每次儿子从私塾放学,她都会放下手中的活儿查问他的功课情况。

公元1644年,清兵入关,崇祯皇帝于绝望中自缢而死,福王朱由崧在南京建立第一个南明政权。顾炎武和一干仁人志士在苏州、昆山等地参加了多次可歌可泣的反清斗争。受到昆山县令杨永言的推荐,顾炎武出任南明兵部司令的职务。后来,清兵攻陷南京。不久,昆山也沦陷。顾炎武的生母何氏被清兵砍去右臂,两个弟弟惨遭杀害,而嗣母王氏听闻城池沦陷后,绝食15天而死,显示了一个弱女子高尚的气节。她临终时留下了可歌可泣的遗言:“我虽妇人,身受国恩,与国俱亡,义也。汝无为异国臣子，无负世世国恩，无忘先祖遗训，则吾可以瞑于地下。”这番话，竟出自一个亡国的弱女子之口，足见其气节之高，令人动容，纵使七尺须眉男儿怕也自愧不如。

嗣母王氏对顾炎武的影响非常深刻，可以说，顾炎武的爱国思想和高洁品格是对她的承传。没有王氏，恐怕今天我们的历史就会少个爱国的名士。而顾炎武也并没有辜负母亲的期望，怀着家仇国恨，谨遵母亲遗愿，一生都不肯和清政府合作，且改名顾炎武以表爱国之志。

天下兴盛，国家富强，有赖于全体国民的努力；反之，若天下衰败，国家灭亡，每个人都逃脱不了责任。“天下兴亡，匹夫有责”，顾炎武的这句话强调的是一个人应该具有强烈的国家责任感，要懂得以天下为己任。它是爱国主义精神的经典名言，读起来有种沉甸甸的感觉，仿佛那一副挑起家国兴旺的重任已经扛在肩头了。

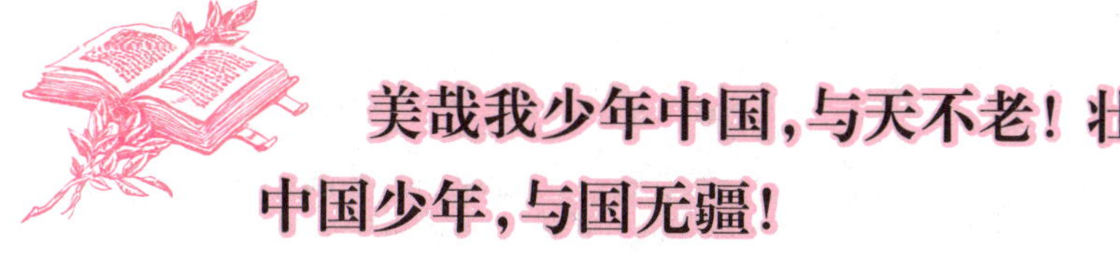

美哉我少年中国，与天不老！壮哉我中国少年，与国无疆！

——梁启超

这句话出自梁启超的《少年中国说》。其句意为：美丽啊，我的少年中国，将与天地共存不老！雄壮啊，我的中国少年，将与祖国万寿无疆！

这篇文章写于戊戌变法失败后，作者极力歌颂少年的朝气蓬勃，寄托了对少年中国的热爱和期望。

“昏睡百年，国人渐已醒……”当这熟悉的歌声再次在耳际回荡的时候，时间已经来到了崭新的21世纪，纵观近现代以来祖国的历程，我们看到的是一个从饱受战火硝烟洗礼走向和平稳定的祖国，一个从贫穷落后走向繁荣富强的祖国。

一百年前，梁任公（即梁启超）等有志之士为了拯救满目疮痍的中国，发动了轰轰烈烈的戊戌变法，想以此挽救垂危的中华民族。最后，运动不幸以失败告终，然而这并没有使得梁任公失去对中国的信心，相反，他以一篇振奋人心的《少年中国说》向全世界宣布，中国的一切腐朽将被新的生命体所取代，中国是充满生机和激情的少年，是将要称雄于世界的少年中国。

一百年后，今天的中国正如梁任公先生所说“红日初升”，“其光大道”，特别是这几十年以来的发展，更像梁任公先生所说“潜龙腾渊，鳞爪飞扬”，“前途似海，来日方长”。现在的“少年中国”，正傲立在世界的东方，现在的中国少年，正青春蓬发。祖国，总是那么让人心潮澎湃，激动不已。

我们是炎黄子孙，承载着中华民族的灿烂文明，我们都有一颗火热的中国心，我们的祖先早已把我们的一切烙上“中国印”。这种与生俱来的民族情感，在祖国的每一寸大好河山上，喷然而出。

（张冠辉）

梁启超（1873~1929），字卓如，号任公，又号饮冰子、自由斋主人等，广东新会人，与康有为合称“康梁”，戊戌维新运动领袖之一。中国近代史上著名的政治活动家、启蒙思想家、教育家、史学家和文学家。著有《饮冰室合集》。

梁启超很小的时候就对社会宇宙进行思考，表现出极高的天赋。11岁那年，有一次，他独自一人来到凌云塔，仰望变幻无端的蓝天白云，产生无数奇异的想法，但一时又不得其解，于是作了一首与他年龄很不相称的责问苍天、责问孔子的诗。其诗云：“朝登凌云塔，引颈望四极；暮登凌云塔，天地渐昏黑。日月有晦明，四时寒暑易；为何多变化，此理无人识。我欲问苍天，苍天长默默；我欲问孔子，孔子难解释。搔首独徘徊，此理终难得。”梁启超的祖父看见这首诗后，立即对他严加训斥，说：“你敢冒犯苍天、孔子，真是大逆不道。”即便是受到这样的责备，也没有熄灭梁启超那颗敢于怀疑、责问的热情。后来，梁启超对封建制度进行了猛烈批判。

为中华之崛起而读书。

——周恩来

“为中华之崛起而读书”是周恩来年少读书时发出的豪言壮语。这句话不仅令当时课堂上的校长及同学们深为震撼，也激励了千千万万

的学子。

罗拉什夫科说，“一个人如果胸无大志，即使再有壮丽的举动也称不上是伟人。”周恩来年少时便确立了“为中华之崛起而读书”的宏图大志，把个人的学习与民族振兴的大业联系起来，视“中华之崛起”为己任，体现出一种崇高的爱国情怀。从上海工人起义、“八一”起义、万里长征、三大战役到新中国成立后的政治、经济、文化的各种繁琐工作，他都无怨无悔地干着，从来都是全身心投入到人民和国家的事务中，甚至在生命弥留之际，面对医生他还说：“我这里没有什么事了，你还是去照顾别的生病的同志，那里更需要你。”

自古英雄出少年，周恩来用雄心壮志创下了一生的宏图伟业。如今，伟人长眠，但留下的豪言壮语却依旧清晰。伟人为了中华民族的崛起呕心沥血，奋斗终生，建立了一个人民当家做主的新中国。跟随着前辈的脚步，我们青年一代要继续肩负起建设祖国的重任，从小就应该树立大志，并为此而奋斗终生。一个世纪前的警世名言“为中华之崛起而读书”永不过时，新的时代有新的任务，让我们把这一句话作为口号吧，为了中华民族的真正强大而奋斗……

（潘艳平）

周恩来（1898~1976），原籍浙江绍兴，他是一位智勇双全、忠贞不二的革命者、杰出的外交家和政治家，为共产主义事业奋斗终生，“鞠躬尽瘁，死而后已”。他人格高尚、高瞻远瞩；他忠贞爱国、爱民如子。著名作家冰心老人曾说，周恩来总理是中国人民心目中的第一位完人。

1911 年，中国这个古老的国度刚刚经历了一场伟大革命的洗礼，整

个社会发生了极其巨大的震动。当时，年仅12岁的周恩来正在沈阳东关模范学校求学。有一天，学校的魏校长亲自为同学们讲修身课，题目为“立命”。魏校长对这群承载着祖国未来发展任务的少年提出了一个问题：“请问为什么读书？”学生们没有一个人主动回答。于是魏校长便一个个提问。有的学生挺起胸膛回答：“为光耀门楣而读书！”有的学生回答：“为了明礼而读书。”还有一位，居然回答：“为了我爸而读书。”课堂立刻一片哄笑声。校长对这些回答都不甚满意，不时地摇头。当问到周恩来时，周恩来站起身来，郑重地答道：“为中华之崛起而读书！”当时，辛亥革命才成功不久，周恩来便在同学们中第一个带头剪掉了以示效忠封建满清的长辫子，在同学们中有着很高的威信。魏校长对周恩来的伟大志向十分赞赏，说：“有志者，当效周生啊！”

为什么我的眼里常含泪水，因为我对这土地爱得深沉。

——艾　青

“为什么我的眼里常含泪水，因为我对这土地爱得深沉”出自艾青的名篇《我爱这土地》。诗人小时候生活在农村，对于这片生育了自己的土地，诗人有着强烈而深厚的感情。这首诗歌作于国难当头、山河沦亡

的抗战初期，看似普通直白，但实则是一种按捺不住的爱国之情的直接爆发，感情浓郁、深沉、庄严。“我”的泪水，是对祖国的一颗赤诚之心，这泪水中有着辛酸，但也有着愿为祖国奉献一切的决心。对这片深爱着的土地，一切一切，无须多言，都在这深沉的泪水里，纵横、闪烁、沉淀。

广阔的神州大地，悠久的华夏文明，我们每一个炎黄子孙都引以为傲。纵使身居异国他乡，每当看到筷子，每当看到汉字，每当听到有人吟诵唐诗宋词，心中总会升起一股爱国豪情，如绵长不息的长江，如雄壮澎湃的黄河，碰撞出难以释怀的辛酸、思念和惦记。这片土地养育了我们，养育了我们的父母，养育了我们的祖先，就像一位平凡而伟大的母亲。无论祖国遭受何种磨难，我们都绝不会放弃我们的祖国。

如今，祖国跨入了新时代，进入了飞快发展的阶段，我们更应继续怀揣着这份对祖国深沉的爱，把祖国建设成为一个充满幸福和谐的家园，让我们眼中的泪水成为欣慰的泪水，浇灌出一个个新的奇迹，新的成就，新的顶峰。

（柯德铭）

艾青（1910~1996），原名蒋海澄，浙江金华人，近现代中国最重要的诗人之一。自 1933 年发表《大堰河——我的保姆》后，受到社会和文学界的普遍重视，诗歌便成了他的第二生命。

1937 年 7 月 7 日夜晚，驻扎在北平西南卢沟桥附近的日本军队，突然向那里的中国守军发动了进攻。对于日本军的侵略行为，驻守在那一带的国民党第二十九军官兵立即予以还击，一场保卫战打响了。

国民党二十九军是有抗日传统的部队，官兵们对日寇早就恨之入骨。侵略者的枪声一响，他们就决定立即还击，奋不顾身地保卫卢沟桥。官兵们表示要“确保卢沟桥和宛平县城，不准日本一兵一卒进入，不能放弃一寸国土”。前线士兵义愤填膺地说：“我们愿意与卢沟桥共存亡。这里就是我们为国献身的地方，就是我们的坟墓。”

战斗打响以后，官兵们面对凶恶的敌人，毫不畏惧。营长金振中腿部负伤，仍坚持指挥。激战中，日军大队长一木清直被当场击毙。为了夺回被日军占领的阵地，士兵们组成大刀队，和敌人展开肉搏，一个青年士兵接连砍死了13个敌人，最后英勇牺牲。有一个连的官兵奋勇抵抗，最后除4人以外，全部为国捐躯。铁骨铮铮的汉子们不仅用鲜血和生命保卫了卢沟桥和宛平城，还撑起了中国的脊梁，受到了人民的无比尊敬。

我是中国人民的儿子，我深情地爱着我的祖国和人民。

——邓小平

邓小平同志在国际上的影响很大，20世纪70年代时，英国培格曼出版公司把邓小平的文集纳入世界领袖丛书之列，邓小平在书中满含深情地写道：“我荣幸地以中华民族一员的资格，而成为世界公民。我是中国人民的儿子，我深情地爱着我的祖国和人民。”

一代伟人，把自己说成是人民群众的儿子，谦卑之情可见一斑。然而，正是这一种谦卑的精神，使得这个百岁老人把自己定位在一个公仆的位置上，为我们的祖国，为我们的民族奋斗一生，为使中华民族以新的姿态立于世界民族之林，倾注了毕生的心血。

从邓小平的一生来看，他如此说，亦如此做。国民大革命时期，他发动起义，创建了中国工农红军第七军；抗日战争时期，他走南闯北，到人民最需要的地方去。解放战争时期，他与刘伯承千里跃进大别山，为解放新中国立下了汗马功劳；改革开放，他成为我们的总设计师……

在我们这个民族大家庭当中，假如每个人都可以谦卑地把自己定位在公仆的位置上，为官者以天下为己任，为人民服务；平民百姓以振兴中华为己任，共同挑起民族的重担，每个人都为国家为民族着想——国家若至此，复兴大业指日可待。

（龚学超）

邓小平（1904~1997），四川广安人，原名邓先圣，中国无产阶级革命家、政治家、军事家，改革开放和现代化建设的总设计师。

邓小平为解决香港、澳门、台湾问题，实现祖国和平统一，倾注了大量心血。

1984年，邓小平要求中国在1997年收复香港，英国不同意。于是邓小平说："如果你们不同意，那我们提前收复。"后来，英国想尽了各种手段来阻止中国收回香港。中英谈判那天，撒切尔夫人一见到小平同志就以威胁的口气说："要保持香港的繁荣，必须由英国来管治。如果中国宣布收回香港，就会给香港带来灾难性的影响和后果。"邓小平当即以更强硬口气回应道:“我不想和你讨论,主权问题不是一个可以讨论的问题。”

邓小平说:“如果中国在1997年,也就是中华人民共和国成立48年后还不把香港收回,任何一个中国领导人和政府都不能向中国人民交代,甚至也不能向世界人民交代。如果不收回,就意味着中国政府是晚清政府,中国领导人是李鸿章!我们等待了33年,再加上15年,就是48年。我们是在人民充分信赖的基础上才能如此长期等待的。如果15年后还不收回,人民就没有理由信任我们,任何中国政府都应该下野,自动退出政治舞台,没有别的选择。”

邓小平的回答让撒切尔夫人折服了,1997年中国最终顺利收回了香港。

房子裂了、塌了,我们还可以再修,只要人在,我们就一定能够渡过难关,战胜这场重大的自然灾害,只要双手在,我们就可以建设得更好。

——温家宝

2008年5月12日四川汶川地区发生8级特大地震,当天温家宝总

理就赶往灾区。13日上午主持召开国务院抗震救灾指挥部会议后，即乘车赶到都江堰市看望并安慰受灾群众。在慰问期间，总理对劫后生还但仍未能走出地震阴影的人们说了这样一句极其感人的话："房子裂了、塌了，我们还可以再修，只要人在，我们就一定能够渡过难关，战胜这场重大的自然灾害，只要双手在，我们就可以建设得更好。"

是的，房子倒塌了，不要紧，我们还有人在！只要人还在，双手还在，我们的家园就会很快建设起来，而且建得比以前更好。只要我们手牵手，肩并肩，还有什么灾难是我们战胜不了的？我们是打不垮的民族，我们有这个决心，把塌掉的房子再建起来，把丢失的家园再找回来！

信念，是一种多么可贵的精神。它是烟波瀚海中的罗盘，是黑夜中不灭的星光，是半夜幽昙的清香。拥有信念的人，是生活的强者；拥有信念的民族，是永远也打不败的民族；拥有信念的国家，是值得尊重的国度。信念让我们向着太阳微笑，对着苦难放歌。无论挫折如何，困难再大，只要信念不灭，我们手牵手，一同面对，希望就在前头，奇迹就会出现！

汶川地震让我们失去了许多，却也带来了另一些宝贵的、让人欣慰的东西，除了坚不可摧的民族信念外，还有令世界动容的爱国赤诚。在整个地震救灾过程中，华夏子孙怀着一颗最赤诚的爱国心，不论贫富，都纷纷站起来，或伸出援助之手，或亲赴救灾现场，冒着余震带来的危险去救助那些失去亲人、无家可归的同胞。在历史的紧急关头，"本是同根生"的爱国意识、民族观念从每一个爱国的人心中喷涌而出，支撑起了整个中国。

（柯小莺）

温家宝，1942年生，天津市人。1965年4月加入中国共产党，1976年9月参加工作。现任国务院总理。

温家宝总理通过汶川地震灾难向国人传递了一种不畏困难、不怕打击的信念，同样关于“信念”精神，冯小刚导演的电影《集结号》也向人们讲述了一个动人的故事。

故事发生的背景是解放战争期间。中原野战军独立二师九连的连长谷子地接到三团团长的命令，让他带领连队火速赶往战场阵地进行一项阻击运动，以掩护大部队安全转移。

“以集结号为令，随时准备撤退。没听见号声，就算打剩下最后一个人，也得给我接着打下去！”刘团长这样命令。于是，“集结号”的吹响便成了接受阻击任务的将士与刘团长的一个秘密生死约定。

那是一场异常惨烈的战斗。在阻击敌人的过程中，九连的战士们一个个倒下，尸体堆积如山，鲜血在密布的枪林弹雨中喷涌飞散。战场上弥漫着浓浓的硝烟，连长谷子地的脸被炮灰熏得漆黑。

一个小时过去了，又一个小时过去了，整个连的战士死伤惨重，再不撤退眼看就要全军覆灭了。可是，集结号还未响起，谷子地只好红着眼，咬紧牙关继续和弟兄们浴血奋战，顽强抗敌。

时间一分一秒过去，集结号依然没有响起来。打到后来，全连的士兵只剩下 47 个人了。敌人的火力越来越猛，战士们却越来越疲惫。敌我悬殊的恶战，唯一支撑着九连英雄的就是那一声集结号。然而，直到最后一刻，当 47 个士兵都壮烈牺牲，连长谷子地托着炸药包冲出战壕的那一刻，他们心中的那一声集结号也没有响起。集结号没有响起，九连的全体将士却用生命履行了他们的承诺：没有听见号声，就算打剩下最后一个人，也要把战斗打下去。

在谷子地及九连所有战士的心目中，集结号就是一种信念，一种对革命的信念，一种可歌可泣的民族信念。为了这个信念，他们接受了残酷

的流血牺牲，选择了宁死也不退缩的悲壮。正因为有了坚定的信念，九连的将士才能在残酷的战斗中成功地完成任务，带给人热泪盈眶的感动。也正因为拥有坚定的民族信念，我们才能取得抗日战争的胜利，进而获得人民解放战争的彻底胜利，建立起今天的新中国。再大的挫折也打不败我们，只因为我们是一个有着坚定信念的民族！

真正的爱国主义不应该表现在漂亮的话上，而应该表现在为祖国谋福利、为人民谋福利的行动上。

——[俄] 杜勃罗留波夫

这句话出自俄国著名作家杜勃罗留波夫之口，其意在批评那些只讲漂亮话，不敢有所作为的人，旨在号召人们把爱国的情感化为真正的爱国行动，为国家作出更多的贡献。

爱国主义是一种深厚的感情，是对自己国家和民族深切的依恋之情。这种感情还表现为一种道德力量，对祖国的生存和发展起着不可估量的作用。中华民族能够突破历史上的种种挫折和磨难，发展到今天，拥有今天的繁荣和安宁，爱国主义精神起着非常重要的作用。在中华民族的发展史上，曾涌现出很多为祖国献身的爱国主义者和民族英雄。他们为了祖国的发展存亡不惜抛头颅，洒热血。正是由于他们这种伟大的爱国主义精神，才有了中华民族悠久而辉煌的历史。

不同的时代，爱国主义有不同的表现方式，但是为祖国谋福利、为人民谋福利是人们行动的共同目的。今天，我们不再需要以抛头颅洒热血的行动去表现我们的爱国主义精神，但我们仍然可以用另外的一种方式来表达我们的爱国之情。让我们现在就开始充实自己，提高自己各方面的能力，以实际行动为祖国的发展作出更多的贡献，为人民谋取更多的福利。

（黄小群）

杜勃罗留波夫(1836~1861)，19世纪俄国著名的革命民主主义者和文艺批评家。主要著作有《什么是奥勃洛摩夫性格》、《黑暗王国的一线光明》、《真正的白天什么时候到来》等。

杜勃罗留波夫是俄国的革命爱国主义作家。1849年4月，由于他的作品对当时的残酷制度进行严厉批判，危及尼古拉一世的统治，遭到查禁，他也被逮捕，被流放到维亚特卡。8年的艰苦流放使他对现实生活有了更深入的认识，积累了大量有关统治阶级的丑闻，深刻记录了农奴制俄国的腐朽现实，并根据这些素材写出著名的《外省散记》，于1856年开始由《俄国导报》连载。在出版《外省散记》之前，统治阶级曾威胁他，要是出版该著作便把他杀害。面对统治阶级的威迫，杜勃罗留波夫始终以救国为己任，坚持将作品出版。《外省散记》出版后，对俄国社会产生了极大的影响，加速了统治阶级的灭亡。那30余篇特写把贪官污吏、撒谎

者、造谣生事者等形象刻画得入木三分，使农奴制俄国的腐朽暴露无遗，博得了俄国人民的高度评价。

纵使世界给我珍宝和荣誉，我也不愿离开我的祖国。因为纵使我的祖国在耻辱之中，我还是喜欢、热爱、祝福我的祖国。

——[匈牙利] 裴多菲

这句话出自匈牙利诗人裴多菲的诗集。其意为，无论外面的世界可以给我们多大的好处，无论我们的国家是否处于苦难之中，我们都需要爱国，需要培养民族自豪感。

国兴我荣，国衰我耻，任何一个人都需要具备爱国主义思想。旧中国政府腐败无能，侵略者在我们的家园为所欲为，中国在他们的眼里地位全无，任其肆意掠夺。中华民族从来都不缺少英雄，例如林则徐、孙中山等，强烈的爱国情怀使他们勇敢，使他们高尚；敌人对我们的伤害只会增加我们的爱国热情。爱国不是一句漂亮的标语，在祖国最需要的时候站出来，在祖国最需要的时候仍不离不弃，才是真正的爱国。

祖国是我们的母亲，有哪位子女会嫌弃自己的母亲穷、嫌弃自己的母亲丑？有哪位子女会因为母亲屈辱而离开她？没有。和世界其他发达国家相比，现在的中国还不够发达，贫富差距还很大，但我们不能忘记祖国对我们的栽培，要一起奋斗，通过努力使祖国变得更美好更富强。

（吴亚枚）

裴多菲（1823~1849），匈牙利民族文学奠基人，伟大的爱国诗人。他一生中创作了大量作品，其中优秀的诗篇有《爱情的珍珠》、《爱国者之歌》、《雅诺什勇士》、《自由的爱情》等。

名话故事

华罗庚出生在江苏金坛一个贫困农民家庭，读完初中便当雇员谋生，经刻苦自学，成为当代著名数学家。

1930 年，作为访问学者，华罗庚到英国剑桥大学工作。抗日战争爆发后即返回祖国，在昆明为西南联大讲课，晚间在油灯下写出了惊世之作《对垒素数论》。

1946 年秋，华罗庚应罗林斯顿大学邀请，赴美讲学，不久被伊利诺伊州大学聘为终身教授。当新中国诞生的消息传到他居住的美国伊利诺伊州阿尔巴勒城，优厚的报酬，优越的物质条件都牵不住他似箭的归心。1950 年，他毅然抛弃了洋房、汽车，避开美国联邦调查局的监控，率领全家，登上了邮船，直扑“母亲”的怀抱。途经香港时，他发表了一封致留美学生的公开信，信中说：“为了抉择真理，我们应当回去；为了国家民族，我们应当回去；为了为人民服务，我们应当回去；就是为了个人出路，也应当早日回去，建立我们工作的基础，为了我们伟大祖国的建设和发展而奋斗！”

华罗庚为了报效祖国，勤奋地工作着。他一生发表学术论文约200篇，出版学术专著10本。他组建了中国科学院数学研究所，是新中国数学科学的奠基人，在国际上享有崇高声誉。他是美国科学院历史上第一个当选为外籍院士的中国人，被列为芝加哥科技博物馆中当今88个数学伟人之一。他为新中国培养了大批数学人才，他还到工厂、农村去，推广优选法和统筹法，让数学研究成果在生产中直接发挥作用。

在国外做学术报告时，他郑重宣布："我站在这里，我代表的是中国人！"1979年，华教授又应邀出访。在英国的一次大会上，一位女士问道："华教授，你不为自己回国感到后悔吗？"华罗庚斩钉截铁地回答："不，我回到自己的祖国一点也不后悔！我回国，是要用自己的力量，为祖国做些事情，并不是为了图舒服。活着不是为了个人，而是为了祖国。"同年，法国南锡大学授予他荣誉博士头衔。在授衔仪式上，主持人介绍华罗庚的学术成就时，全场起立，同时奏响了中华人民共和国国歌。一位90多岁、身体衰弱的老科学家，硬是用手扶住台子，竭力保持站立在那里。当爱国的科学家为祖国赢得了荣誉时，心情是何等激动啊！

1985年6月12日，华老应邀到日本讲学，因操劳过度，心脏病复发，永远倒在了东京大学的讲台上。

Part Two

人生篇·漫步人生路

人生就如同候鸟的一次季节性迁徙，你从来不知道离目的地还有多远，也不知道目的地那儿有什么在等待你。途中，会有阴雨，也会有阳光；有风景如画的平原，也有寒风凛冽的雪山。如何才能在这征途中，收获快乐与成功？幸好，我们有的是历史与书籍，它们就像领头的大雁那样，给我们指出是与非、高尚与粗俗，使我们能在苍茫中找到方向。

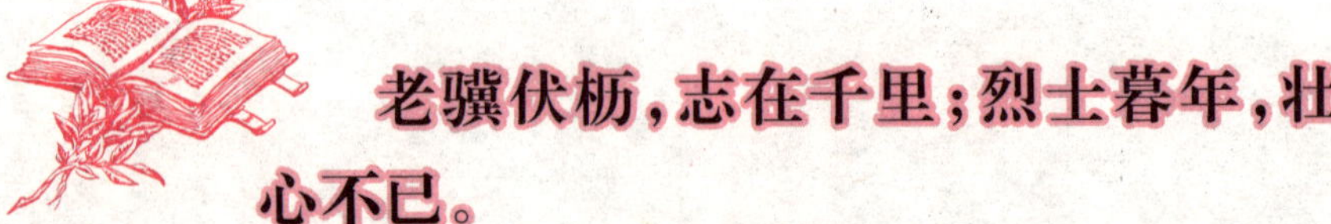

老骥伏枥，志在千里；烈士暮年，壮心不已。

——（三国）曹　操

“老骥伏枥，志在千里；烈士暮年，壮心不已”出自曹操的诗歌《龟虽寿》，意为：千里马虽然蜷伏在马棚里，仍然志在一日驰骋千里；有雄心壮志的人士虽然到了晚年，他的宏伟抱负仍然毫不衰减。

人生最重要的就是要有远大的目标，一旦你的目标确定了，你的脚步也就轻快了。如果你失去了目标，你就会一无所有。这如同一艘在黑夜茫茫大海上航行的船，必须要依靠灯塔来指引，才不会迷失方向。确立了人生的目标，拥有了自己的理想抱负，你就会朝着自己的宏伟抱负而无所畏惧地不断前行。

人会因理想而产生推动世界改变的力量。胸怀雄心壮志的人，即使青春已逝，即使遭遇了挫折和失败，仍会一如既往奋发进取地实现自己的理想。他们会对生活满怀热情与期待而不断地向自己的能力挑战，不断超越自我，实现抱负。

人的命运不是由天来决定的，而是掌握在自己的手里。因对人生经验的缺乏，年轻的我们更应对生命满怀热情和期待。因向往成功与美好的未来，朝气蓬勃的我们更应确立自己前进的方向，以便到达成功的彼岸。

（何海英）

名话名人

曹操（155~220），字孟德，三国时期的政治家、军事家、诗人。曾领兵镇压黄巾起义和讨伐董卓，后来平定袁绍，统一中国北方大部分区域，奠定了曹魏立国的基础。文学方面，在曹操父子的推动下形成了以三曹（曹操、曹丕、曹植）为代表的建安文学，史称“建安风骨”。汉献帝在位期间，曹操先后任大将军、丞相，并封魏王。死后，其子曹丕代汉即帝位，追尊他为魏武帝。

名人故事

汉献帝建安十二年（207 年）5 月，曹操领兵参加官渡之战，打败了袁绍，从此之后军威大振。在这年的 7 月，他统领大军远征乌桓。军队一到柳城，就大败了乌桓骑兵。袁绍的儿子袁尚、袁熙从柳城逃到平州公孙康那里。当时曹操身边的谋士都相继进谏，请曹操出兵追杀二袁。但曹操知道公孙康与袁氏兄弟不和，迟早会产生矛盾，如果急着去进攻平州，那么他们肯定会联合起来抵抗；不如再等一段时间，让他们自相残杀。于是曹操不顾手下诸多大将的反对，采纳谋士郭嘉临死前的建议，果敢地下令收兵。后来，公孙康果然把袁尚和袁熙的头颅送了过来。就这样，曹操北征乌桓又一次取得了胜利，完成了统一北方的大业。《龟虽寿》这首诗正是曹操在远征乌桓时所作，充分体现了其统一北方的远大志向。

精卫衔微木，将以填沧海。刑天舞干戚，猛志固常在。

——（东晋）陶渊明

“精卫衔微木，将以填沧海。刑天舞干戚，猛志固常在”出自陶渊明的诗篇《读山海经》。这两句诗的意思是说，精卫口含小小的木块，想要填平深深的大海；刑天失败后仍挥舞盾斧，刚毅的斗志始终存在，表现了精卫填海和刑天与天帝争斗的不屈精神。

在怀有许多美好人生憧憬的生活中，我们体验更多的却是与理想相背离的窘境，面对不可避免的挫折和失败，进行一个怎样的选择，似乎就

成了我们最关心的话题了，或积极，或消极，全都是在于自己“一念之差”。如果一遇到困难就沮丧颓落，那么将一事无成。而乐观、积极、向上，这看起来普通而简单的几个词，却无一不是在失败和挫折之前的艰难选择，没有人会兴高采烈呼唤失败的到来，失败是痛苦的，但精卫和刑天的故事却使我们看到了成功的希望，他们的战斗精神感动和鼓舞着每个面临失败和挫折的人。所以，面对生活，我们不仅需要“悠然”的生活憧憬，更要怀有“精卫填海”、“刑天舞干戚”这样“金刚怒目”式的精神状态和斗志。

（张冠辉）

名话名人

陶渊明（约 365~427），名潜，字渊明，自号五柳先生，卒后亲友私谥靖节。浔阳柴桑（今江西九江市）人，东晋诗人、辞赋家、散文家。被称为“田园诗人”，代表作有《归去来兮辞》、《归园田居》和《桃花源记》等，著有《陶渊明集》。

名话故事

精卫，古代神话中的鸟名。《山海经》说炎帝（传说中的神农氏）的小女儿被海水淹死后，她不甘心，于是就化为精卫鸟，常常衔来西山的木石，投到海里，决心要把淹死她的东海填平。神话中精卫锲而不舍的精神，善良的愿望，宏伟的志向，一直以来深受人们的尊敬，后来广为流传，被比喻为人们在从事艰巨卓越的事业时不畏艰难的执著精神。

刑天，又称形天，中国古代神话传说中的人物。据《山海经》记载，刑天与天帝（黄帝）争夺神位宝座。二者相斗，天帝最终打赢了刑天，并且砍下了他的首级，并把他的首级葬于常羊之山，让刑天找不到。但刑天魂魄不灭，不甘失败，竟以双乳为目、肚脐为口，继续手执干（盾）和戚（大斧）挥舞着向天帝挑战。因此，刑天常被后人称颂为不屈的英雄。

穷且益坚，不坠青云之志。

——（唐）王　勃

“穷且益坚，不坠青云之志”语出王勃名篇《滕王阁序》，这短短的十个字道出了王勃对生命的认识。时运不济，命途多舛，仕途坎坷，怀才不遇，报国无门，王勃短短的一生可谓历尽磨难，辛酸坎坷，但他却坦然面对这一切，并没有因为身处困境而自暴自弃，反而是愈挫愈勇，勇敢地去追求自己的理想。

古往今来有多少有志之士，面对一切艰难险阻，总能执著地追求自己的理想，即使在郁郁不得志的逆境当中也不消沉放弃。司马迁在《报任安书》中写道：“古者富贵而名摩灭，不可胜记，唯倜傥非常之人称焉。盖文王拘而演《周易》；仲尼厄而作《春秋》；屈原放逐，乃赋《离骚》；左丘失明，厥有《国语》；孙子膑足，兵法修列……”由此观之，那些“倜傥非常之人”不正是在挫折面前勇往直前、愈挫愈奋而追求理想的人吗？而且，司马迁本人更是忍辱负重，就极刑而无愠色，坚持完成《史记》。

奥斯特洛夫斯基说得好：“人的生命似洪水在奔腾，不遇着岛屿和暗焦，难以激起美丽的浪花。”成功是会有的，挫折也是会有的。考试失败了又怎样，我们还有机会，只要坚持不懈，阳光总在风雨后，成功将属于为理想而不懈奋斗、矢志不渝、坚忍不拔的人们。

弱者是不敢面对挫折的，因为害怕再一次努力后的失败，他们常常陷入失败的痛苦之中而不能自拔。其实，挫折并不等于失败，它只是失败的表象而已，真正的失败是自己失去了信心，失去了为成功而奋斗的信念。

（黎文英）

王勃（649~675），字子安，绛州龙门（今山西河津县）人，唐初著名的文学家，与杨炯、卢照邻、骆宾王以文辞齐名，合称“初唐四杰”。他15岁应举及第，年轻气盛，才华横溢，挥毫泼墨，语惊四座。曾经担任参军，但因罪免官，仕途充满坎坷。后远行到交趾去看望父亲，途中溺水而死，年仅26岁。

名话故事

战国时期的赵国，有一位出名的武将叫廉颇。他不但武艺高强，箭法出众，还善于用兵打仗。当时，秦国、齐国这些大国常来攻打赵国，赵王多次用廉颇为统帅打败了敌军。敌军听到廉颇的名字，感到十分害怕。可后来，赵王中了秦国的离间计，认为廉颇老了不中用了，改派青年将领赵括代替他。赵括骄傲轻敌，结果使赵军打了大败仗，赵国也险些亡国。

赵王想重新起用老将廉颇，派出使者去看一看老将军身体怎么样，是否还愿意为国效力。廉颇见到赵王的使者，兴奋极了。为了表示自己威风不减当年，还能上阵打仗，为国立功，他一顿饭就吃了一斗米、10斤肉。吃完了，又披上铠甲，跃上战马，拉弓射箭，舞枪刺杀，果然身手不凡。他对使者说：“你看我，虽然老了，可是能吃饭能打仗，只要大王肯用我，我万死不辞，马上回去领兵参战！”

使者走了以后，廉颇日夜盼望赵王的调令，可一直没等到。原来那个使者接受了一个叫郭开的坏人贿赂，故意在赵王面前说了瞎话，说廉颇饭量虽好，可一会儿工夫拉了三次屎。赵王听了，认为廉颇真不中用了，就不再调用他。

廉颇为赵国的安宁奋斗了一生，晚年仍希望为国出力，对人说："我真想有一天，还能率领赵国的兵士冲锋陷阵啊！"然而由于奸臣当道，最终他也没有得到重用。

公元前228年，秦国大将王翦攻陷了赵国都城邯郸，赵国灭亡。老将廉颇得知消息后，不吃不喝，七日后，郁郁而终。

浮生长恨欢娱少，肯爱千金轻一笑。

——（北宋）宋　祁

"浮生长恨欢娱少，肯爱千金轻一笑"出自宋祁的词《玉楼春》（又名《木兰花》），全词为："东城渐觉风光好，縠（gòu）皱波纹迎客棹。绿杨烟外晓寒轻，红杏枝头春意闹。浮生长恨欢娱少，肯爱千金轻一笑。为君持酒劝斜阳，且向花间留晚照。"

此词是当时誉满词坛的名作。人生短促，浮飘不定，常常感觉快乐的事情太少；难道还有人会吝惜金钱，轻视那片刻的愉快欢笑。《玉楼春》旨在歌咏春天，劝人珍惜美好的光阴。宋祁身居要职，经常政务缠身，平时很少有机会精心欣赏自然风光，感受人生乐趣，所以述说“浮生长恨”。其实作者看得很透，钱财乃身外之物，生不带来，死带不走，只有健康的身体和愉快的心灵，才能相伴终生，于是当他见到美好的春色，宁可放掷“千金”，也不愿错过春光明媚之“一笑”。

快乐是一种心态、一种智慧，而非一种物质。我们要珍惜现在，不要为物质丢掉快乐，要学习宋祁宁弃“千金”，也不放过从春光中获取短暂“一笑”的机会，多给心灵一点空闲，多感受快乐的滋味儿。

人生的压力、郁闷和不快乐并不是因为自己拥有的太少，而是欲望太多。对于金钱权力等物质，人心就是个无底洞，永远无法满足，何苦要把自己紧紧绑缚在欲望中而不能自拔，甘愿放弃人生的乐趣，成为物质的奴隶。放开怀抱，停下过于匆忙的脚步，在百花争妍的春日，在风和日丽的午后，在日落黄昏的郊外，轻松地感受快乐。

（陈小婷）

宋祁(998~1061)，字子京，开封雍丘(今河南杞县)人。北宋文学家、史学家。官至兵部尚书，因其《玉楼春》词有“红杏枝头春意闹”的名句，人称“红杏尚书”。著有《玉楼春》、《春晓曲》、《西湖曲》等作品。

名话故事

海伦·凯勒是一个不幸的孩子。她小时候便听不到，看不见，也不会说话，生活如同没有阳光一般，但她的家人以及她的老师苏利文没有放弃她，大家都不愿让这么一个天真可爱的孩子就这样白白浪费她的时间与生命。

有一次，苏利文老师教她“水”这个单词，但海伦·凯勒却很难理解什么是水。于是，苏利文老师带着她来到了一个喷水池前，把她的手伸到喷

水孔前，让清凉的水润泽海伦·凯勒的手，并轻轻地在她的手上写“水”这个单词。海伦·凯勒在一阵兴奋中，终于知道了“水”是什么。

长大后的海伦·凯勒，从不向命运低头，因为深知时间与生命的宝贵，她一直不断努力，不但顺利地读完了大学，还通晓5种文字，前后写了14部作品，并到世界各地作了许多鼓舞人心的演讲。

海伦·凯勒是一位有着快乐心态的女孩，她勇敢地面对来自生活的各种挑战，创造了一个感动世界的奇迹。

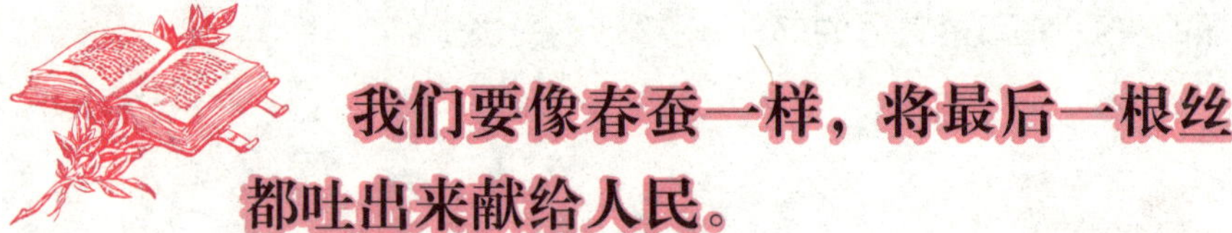

我们要像春蚕一样，将最后一根丝都吐出来献给人民。

——周恩来

“我们要像春蚕一样，将最后一根丝都吐出来献给人民”一句，是周恩来总理巧妙化用李商隐的诗句“春蚕到死丝方尽，蜡炬成灰泪始干”，来表明自己要像春蚕一样，把最后一根丝都贡献给人民，要像蜡烛一样，燃烧自己，照亮人间的伟大理想。俗话说：“当官不为民做主，不如回家卖红薯。”国家是属于人民的，人民是国家的主人，公务员作为人民的公仆，不仅要为民请命，而且要“俯首甘为孺子牛”，只有乐于奉献的人，人们才会积极拥护爱戴他。

“人生自古谁无死”，纵观历史，只有那些为人民奉献的人才会被人民紧紧牢记心中。通过奉献，我们能清楚地认识到我们在社会中的作用，奉献越多，作用越大。一个人如果缺乏奉献，就算他有多丰厚的财富，也不会得到人们的真诚尊敬。“赠人玫瑰，手有余香”，人创造财富固然重要，但更重要的还要懂得奉献。世界首富微软总裁比尔·盖茨设立慈善基金，把他绝大部分的财产奉献出来回馈社会，用于各种慈善活动。如果一个社会充满了乐于奉献的人，那么这个社会将会温暖如春，溢满净人心灵的芬芳。“独乐乐不如众乐乐”，世界上最快乐的人往往不是拥有东西最多的人，而是奉献最多的人，因为通过奉献能使更多的人享受幸福快乐。而能给别人带来幸福和快乐，这本身就是一种莫大的幸福和快乐。

（柯德铭）

详见前文第 20 页。

国家要发展、兴旺，就必须大力发展教育事业，培养出更多有用的人才。许多爱国人士都清楚地认识到了这一点，著名华侨领袖陈嘉庚就是其中突出的一个。他在新加坡创办橡胶等实业，有很强的经济实力后，首先想到是要为祖国的教育事业出力。于是，他在家乡厦门出资兴办了几十所学校，有幼儿园、小学、中学，甚至还有大学。他认为：“教育是立国之本，兴办学校是国民的天职。”本着“取之社会，用之社会”的想法，他把办企业挣得的钱大部分用在办教育上。为了兴办学校，他毫不吝惜家财，而自己却过着十分简朴的生活。

1932 年，他的企业受到冲击，收入减少。一家外国企业集团想乘机把他的一部分企业收过去，条件是不再出资办学。陈嘉庚断然拒绝了，他

说:"我宁肯让企业倒闭,也不停办学校。"后来,企业被迫停产,他仍然尽力筹集资金,保证学校的教学活动。正是由于陈嘉庚的不懈努力,厦门的教育才十分发达,培养了许多优秀人才。这位爱国华侨在他临终时留下遗嘱:把自己私人的 300 多万存款全都捐献出来,作为办学经费和兴建华侨博物馆。

城外的人想冲进去，城里的人想逃出来。

——钱钟书

"城外的人想冲进去，城里的人想逃出来"语出钱钟书的作品《围城》。这一句话旨在揭示人类现代文明的生存危机和现代人生的精神困境。由于现代文明的冲击以及各种潮流的推进,社会精神与物质领域日新月异,面对人生纷繁复杂的选择,有人认为"熟悉的地方没有风景",有的人难以适应多变的社会。

爱情是围城。没恋爱的人,认为爱情是

快乐和幸福的，所以渴望和寻找爱情，然后恋爱；恋爱的人，受挫了，认为爱情是痛苦和虚无的，所以选择分手。两种人的选择，有后悔的，亦有不后悔的。

生活是一座围城。“得不到的东西是美好的”，失去了的东西更是弥足珍贵。无论是城外还是城内，我们都需要一颗感恩的心与宽容的心，感谢生活带来的幸福，包容生活带给的不如意以及生活的种种考验。

（龚燕清）

名话名人

钱钟书（1910~1998），字默存，号槐聚，江苏无锡人。现当代著名作家。博学多能，兼通数国外语，学贯中西，在文学创作和学术研究两方面均作出了卓越的成绩。著作有散文集《写在人生边上》，短篇小说集《人·兽·鬼》，长篇小说《围城》，文论及诗文评论《谈艺录》，学术巨著《管锥编》等。其中《围城》有独特成就，被译成多国文字在国外出版。

名人故事

钱钟书是我国现当代著名的作家。19岁那年，他报考了清华大学外文系，当考试结果出来后，他数学只得15分，险些被大学拒之门外。幸好当年的清华有着博大的胸怀，他最终凭借着英文和写作成绩特优的明显优势被破格录取。进入大学后，钱钟书更加拼命地读书和努力写作。不久，其作品《写在人生边上》、《围城》相继问世。其中《围城》为广大读者所喜爱，曾被译为多国语言在世界各国出版。当时，有位英国作家读了《围城》，对他的作品称赞不已，立刻打电话想见他。但钱钟书再三婉拒，并幽默地说：“假如你吃了个鸡蛋觉得不错，何必认识那个下蛋的母鸡呢？”后来，《围城》改编并拍摄成电视剧。钱钟书把所得到的一切报酬都捐献给了社会科学院文学研究所。

不是苦恼太多，而是我们的胸怀不够开阔；不是幸福太少，而是我们还不懂得生活。

——汪国真

该句出自汪国真的诗歌《生命总是美丽的》。汪国真的诗歌得益于李商隐、李清照、普希金、狄金森等诗人，他追求普希金的抒情、狄金森的凝练、李商隐的警策、李清照的清丽。他的诗歌经常是先提出一些生活中常常会遇到的问题，略加深化，然后提炼出一些人所共知的哲理。诗歌主题思想往往积极向上、昂扬而又超脱。在《生命总是美丽的》中，我们可以体味出一种真诚、轻灵、淡雅的享受。

生活，总是充满酸甜苦辣，却又多姿多彩。如果生活中没有那些风风雨雨，那么见到彩虹的兴奋喜悦也就无从谈起。生活，要勇于面对现实微笑，勇于越过障碍注视未来；生活，要善于运用心灵之剪，在人生之路上裁出叶绿的枝头；生活，在面对困惑或黑暗时，灵魂深处会燃起豆大却明亮且微笑的灯光。所以，不要抱怨苦恼太多，不要抱怨幸福太少，不管遇到什么，我们都要勇敢面对，坦然接受，然后像美国老太太那般等待三天，“耶稣在星期五被钉上十字架时，是全世界最糟糕的一天，可三天后就是复活节了”。让我们尝试着，把烦恼和痛苦抛下，全力去收获快乐，去收获幸福。

幸福，时时刻刻围绕在你身旁。如果你从母亲手中接过饭碗，心存温馨，那就是幸福；如果你在灯下读着朋友的来信，品味友情，那就是幸福；如果你独坐一隅，静静听歌，凝神遐思，那就是幸福。在生活里，烦恼不会太多，幸福不会太少，只要我们都有一颗感恩的心，每一天都是快乐幸福的。

（廖白玉）

汪国真，北京人，祖籍福建厦门。当代诗人。他的诗集和小语集，连续三届获得全国图书“金钥匙”奖，发行量创新诗以来诗集发行量之最。代表作有《热爱生活》、《我微笑着走向生活》、《年轻的潮》等。

名话故事

唐太宗是历史上有名的善于听取逆耳忠言的明君。他和忠臣魏征之间的故事在后世一直广为流传和颂扬。魏征对太宗的任何过失，都敢直言指出，而太宗也大都能虚心听取并改过。

但是有一次，太宗却听不进去了。他为魏征在群臣面前批评他而感到愤怒无比。退朝后，他黑着脸回到内宫，“啪”地一掌打在桌子上，狠狠地说：“看我哪一天把你这个乡巴佬给斩了！”

他的妻子长孙皇后从来没见过他发那么大的火，便小心地问：“是谁把皇上给惹怒了呢？”

“还不是那个魏征?!他以为他是谁啊?敢在众人面前这样批评我！真受不了了！”太宗两眼冒火，咬牙切齿地回答。

长孙皇后听罢，一句话也没有说。她默默地转身回内室，然后换了一套朝见的礼服出来，郑重地向太宗跪下，说："臣妾祝贺皇上！"

太宗一时愣住了，不解地问："你这是干什么？"

长孙皇后抬起头来回答："臣妾听说贤明的君主才有正直的臣子。魏征这样正直，正说明皇上你贤明啊！臣妾怎么敢不向皇上祝贺呢？"

这一番话，将太宗的怒火一下子熄灭了。他低头陷入了沉思：其实魏征说得也没有错啊，自己是太顾面子了，才会这样恼羞成怒。以前听他的意见不是都听得好好的吗？怎么这一次……难得有这样一位忠诚直率的大臣啊，应该好好珍惜的！

从明天起，做一个幸福的人/喂马，劈柴，周游世界

——海　子

"从明天起，做一个幸福的人/喂马，劈柴，周游世界"出自海子的《面朝大海，春暖花开》。这是诗人对幸福的简单定义。

其实，生活就是这样，在你的周围，随时都可能遇到痛苦或不幸。但是，不管遇到什么挫折，我们还是要看到希望，看到面朝大海、春暖花开的幸福。如果为人生的悲伤之事苦苦叹息，则何时了？磨难和痛苦总会有，但那不是绝路，只要抬头微笑，张开双臂，阳光会满满温暖着你的整个身心。希望总围绕在你的身边，生活中的每一天都是幸福的，虽然平淡得如同白开水，可能平时忙碌的你根本无暇去顾及。但是偶一低头，你会发现花香遍地，鸟语满园，阳光毫不吝啬地洒满整个世界，你的身上满是他人关怀的目光，生活的每一天都是如此的美好。

人生在世，你的快乐不止是你自己的，也是你身边的人的快乐；亲人等着分享你的幸福，朋友等着分享你的快乐，甚至陌生人都能感受你的喜悦。你的痛苦与不幸，也不是你自己独自扛的，背后总有鼓励的目光在援助你。所以，从明天起，做一个面朝大海、春暖花开的幸福人。

（汤珍榕）

海子（1964~1989），原名查海生，安徽人。1979 年 15 岁时考入北京大学法律系，大学期间开始诗歌创作。海子是真正完成中国现代诗歌改革的第一人，中国本土的田园现代诗人。其主要作品有诗集《河流》、《传说》等；另有长诗《土地》等。

名话故事

2008 年 5 月 12 日下午 2 时 28 分，绵竹市汉旺镇东汽中学正准备上课，一个男孩与同学们一起在教室安静地等候，然而天摇地动之后，他发现自己已经被掩埋在了一片废墟之中。

很多人都被埋在了地底下，很多人都放弃了希望。但是他坚持了下来，经过 80 个小时的坚持与等候，他终于听到了救援人员的声音。在被救出之后，就在人们要将他抬上救护车时，他突然向在场的救援人员说："叔叔，帮我拿支可乐。"现场的救援人员都被这句话逗乐了，他们纷纷说："好，给你拿可乐。"谁知他又说："要冰冻的。"救援人员马上答应：

“好的，拿冰冻的。”

生活不总是一帆风顺，生活总会有意外发生。生活有时候欺骗了我们，我们不应该叹气，而是应该像那个男孩那样以积极乐观轻松的人生态度面对灾难，面对人生的挫折，绝不放弃，相信活着就会有美好的未来。

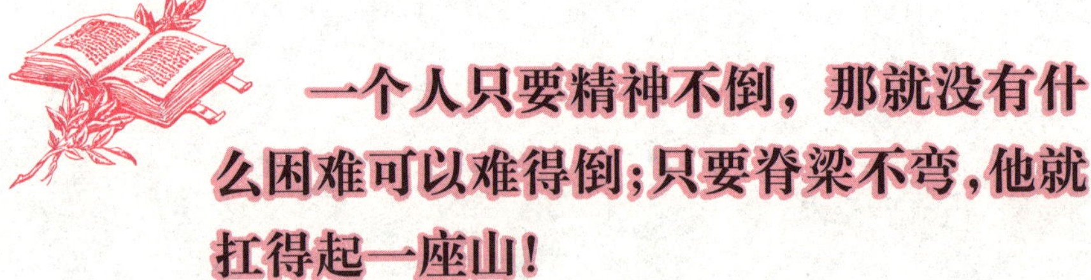

一个人只要精神不倒，那就没有什么困难可以难得倒；只要脊梁不弯，他就扛得起一座山！

——洪战辉

该名句出自2005年感动中国人物洪战辉之口，体现了当代人的一种艰苦奋斗、勇于拼搏的不屈精神。

福无双至，祸不单行。12岁的孩童，本应该是家人呵护的宝贝，然而洪战辉却经历了家庭的变故。幼小的心灵在生活的重压之下，迅速成长起来，因为他要挑起这个重担，背负着整个家园前行。路上有荆棘，有坎坷，肩上扛着沉重的家园，心中却拥有无家的感觉，这让人心痛。小小肩膀，实在难以负起重担：“父亲需要照顾，家中山穷水尽，东欠人情西欠债。”高二时，洪战辉挥泪告别了难舍的校园！

生命中不是只有痛苦，也不是只有快乐，它们是相生相成的。人生，总是在成功与失败，希望与失望，欢乐与痛苦中演绎一幕幕忧伤与难忘。人生的路上有平川坦途，亦有崎岖坎坷。也许你会碰上没有船只的渡口，也许你会碰上没有小桥的河畔，这时候只能自己摆渡自己。

“一个人只要精神不倒，那就没有什么困难可以难得倒；只要脊梁不弯，他就扛得起一座山！”当他孑然一身孤独无助的时候，洪战辉说坚持不懈的追求才是人生的真谛。生活中有了坚定的信念，就有了奋斗的勇气，自助者天助之。在老师与同学的帮助下，洪战辉终于又回到了久违的校园，并以自己的努力考取了大学。人穷志不穷，洪战辉通过兼职工作，带妹求学 12 年，他感动了中国。《中国男孩洪战辉》——全面介绍洪战辉感人事迹的新书终于出版了，版税 20 万元。洪战辉决定把这笔钱全部拿出来，成立一个以自己名字命名的基金会，打算资助因贫困面临失学的高中生。

一个不幸的人，由贫穷、孤独、家庭变故、痛苦造成的人，他却创造了恩惠给予世界。他用他的苦难来铸成坚强，用他善良的心灵来回馈社会。洪战辉，一个精神不倒、脊梁不弯的汉子！

（许桥铭）

名话名人

洪战辉，2005 年感动中国人物之一，他因无私地照顾一个弃婴并刻苦学习而当选，可以说是现代社会少有的拥有如此淳朴感情的善良而又坚强的人。

名话故事

成功的路途不是一帆风顺的，成功的路途上坎坷很多。

美国电影史上的传奇人物史泰龙在未成名之前，是一位穷困潦倒的年轻人，身上全部的钱加起来也不够买一件像样的西服。就像许多人一

样，他为了能够成功，艰难地努力着。他为了求得一份职业曾被拒绝1850多次。

他全心全意地坚持着自己心中的梦想，因为他想做演员，当电影明星。当时美国电影基地好莱坞共有500家电影公司，史泰龙根据自己仔细划定的路线与排列好的名单顺序，带着为自己量身定做的剧本前去一一拜访。但第一遍拜访下来，500家电影公司没有一家愿意聘用他。

面对无情的拒绝，他并没有灰心，从最后一家被拒绝的电影公司出来之后不久，他就又从第一家开始了他的第二轮拜访与自我推荐。当他的第二轮拜访也以失败而告终后，他毫不气馁，又开始了第三轮的拜访。第三轮的拜访结果仍与第二轮相同。但他始终没有放弃，不久后又咬牙开始了他的第四轮拜访。当拜访第350家电影公司时，这里的老板破天荒地答应让他留下剧本先看一看。他欣喜若狂。几天后，他获得通知，请他前去详细商谈。就在这次商谈中，这家公司决定投资开拍这部电影，并请他担任自己所写剧本中的男主角。不久这部名叫《洛奇》的电影问世了。这部低成本的影片，一举夺走了奥斯卡最佳影片与最佳导演奖，并使得史泰龙获得了最佳男主角与最佳编剧的提名，从此奠定了史泰龙在好莱坞的地位。

读一切好书，就是和许多高尚的人谈话。

——[法] 笛卡儿

“读一切好书，就是和许多高尚的人谈话”出自法国著名的哲学家笛卡儿之口。好书包含着丰富的知识，阅读好书，就如同和高尚的人说话，可以增长知识，使人变得睿智。

书，是人类最好的朋友，是我们文化得以传承的最主要载体。古人说得好：读书以明理。凡有伟大成就的人，他们都特别的喜欢阅读。但是，正如人有好坏之分，书自然也有好坏之分。而我们要读的，是那些能使我们变得善良，高尚，明白做人的道理的好书。每一本好书，都是极有才华的作者们思想精华的浓缩版。当我们阅读那些富有动感的文字时，就会在不知不觉中被他们非凡的思想所熏陶，被他们的才华所折服。我们读这些书的时候，就仿佛在和许多高尚的人在谈话。作为一个有志向、有抱负的人，我想没有什么比和这些古今中外的智者交流更有意思的了。所以，如果你要想人生有所作为，请多读书，读一切好书。

（黄壮宇）

笛卡儿(1596~1650),法国著名的哲学家、数学家、物理学家,解析几何学奠基人之一。曾移居荷兰,对哲学、数学、天文学、物理学、化学和生理学等领域有着较深入的研究。

1618年的一天,在荷兰的希雷达城,许多人围在城门边叽叽喳喳地议论着。原来城墙上贴着一张纸,上面写着一道数学难题,向群众征询答案。一个用法语讲话的年青军官,认真地看着、听着,似乎对这道题很感兴趣、却又不太完全了解。他请求旁边的一位衣冠楚楚的人将这道用荷兰文写的难题译成拉丁文或法文。谁知那人态度傲慢,表现很不耐烦。他不相信这个青年军官能解开这道难题。出于礼貌,他还是口译了出来,只是言语间露出一点讥讽的意味。不料,两天之后,那个军官竟把正确的答案送到他的面前,这使那人大吃一惊,对青年军官不禁刮目相看。于是两人攀谈起来,十分投机。一了解,才知这个青年军官名叫笛卡儿,而那为他翻译的人就是著名学者贝克曼。

没有哪个胜利者信仰机遇。

——[德] 尼　采

“没有哪个胜利者信仰机遇”出自尼采的《欢乐哲学》，简洁明了，短短的十一字，揭示了深刻的人生哲理。每个人都希望成为到达事业顶峰的胜利者，而往往很多人只是信仰机遇，只是把希望寄托于美丽的天气，而不是付出自己的努力去准备攀登工具。机遇总是留给有准备的人，要是你只是躺在魔鬼的温床上，一味的等待机遇到来，那必然会成为一个失败者，胜利会离你越来越远。

我们细察尼采生活的那个时代，毫无疑问，尼采的一生是不幸的，结局是极其悲惨的。他是一个典型的失败者：他的思想发展未能达到预期的目标；在他生活的年代能够理解他的人寥寥无几，可怕的孤寂始终包围着他；最后，病魔缓缓地悄然而至，甚至成了他的生命的一部分。在尼采不幸的一生中，他不是胜利者，机遇更没有如期而至，尽管这样他仍然能大声宣布：没有哪个胜利者信仰机遇。我相信没有人不会被他的精神所打动，属于他的时代必将到来，最终，他成为一个胜利者，成为思想的巨人，尽管时间晚了近百年。

（肖　芙）

名话名人

尼采(1844~1900),19世纪著名哲学家,是西方现代哲学的开创者,同时也是卓越的诗人和散文家。尼采的著作对后世的影响无疑是巨大的。他的思想具有一种无比强大的冲击力,他颠覆了西方的基督教道德思想和传统的价值观,揭示了在上帝死后人类所必须面临的精神危机。

名话故事

有3个人要被关进监狱3年,监狱长允许他们3个人各提一个要求。

美国人爱抽雪茄,要了3箱雪茄。

法国人最浪漫,要一个美丽的女子相伴。

而犹太人说,他要一部与外界沟通的电话。

3年过后,第一个冲出来的是美国人,嘴里鼻孔里塞满了雪茄,大喊道:"给我火,给我火!"原来他忘了要火了。

接着出来的是法国人。只见他手里抱着一个小孩子,美丽女子手里牵着一个小孩子,肚子里还怀着第三个。

最后出来的是犹太人,他紧紧握住监狱长的手说:"这3年来我每天与外界联系,我的生意不但没有停顿,反而增长了200%,为了表示感谢,我送你一辆劳斯莱斯!"

这个故事告诉我们,没有哪个胜利者信仰机遇,相同处境的3个人,他们做的决定,决定了他们3年后的生活状况,谁是胜利者显而易见,机遇并不重要,重要的是如何把握机遇,犹太人选择接触最新的信息,了解最新的趋势,加倍努力,从而更好地创造了属于自己的美好将来。

生如夏花之绚烂，死如秋叶之静美。

——[印度] 泰戈尔

“生如夏花之绚烂，死如秋叶之静美”出自泰戈尔的《飞鸟集》。其句意为：“人在生的时候要活得灿烂辉煌，到死亡来临，就要以一颗平静心对待。”泰戈尔以此为人生准则，努力奋斗，书写了人生的辉煌，这句话最终成为他一生的光辉写照。

当死亡来临，不要恐惧，不要惊慌，该来的总会来。看见过秋天的落叶在微风中轻轻地脱落，然后轻飘、轻飘……最后静静的落在地面上吗？这是一种怎样的凄美呵！面对生命结束这一刻的徐徐而来，泰戈尔以一种静静地等待的态度，等待时间抚停自己的心跳，一切归于“无”，一切归于“空”，这又是一种怎样的勇气啊！

面对死亡，面对生命向着自然返归，要静穆、恬然地让生命完成，而不要感到悲哀和畏惧。总而言之，就是让一切都平静自然地进行。这一种平静正是诗人对待生命的态度，“死若秋叶之静美”，没有着重于泰山那样的悲壮豪迈，也不像“轻于鸿毛”那样的卑微琐屑，却有对自然法则、人生法则玄机的参悟，有智者对茫茫宇宙中自我的精确定位。

生，便要极力展现自己的美丽，把自己的生命挥洒得淋漓尽致，让自

己的人生尽兴。死，当以平静之心待之，让上帝知道你的深厚情怀。时间从不为任何人逗留，岁月如歌，曲终人散，历尽沧桑之后，所有的回忆都会化为美丽的花朵，随着生命的结束而永恒定格。

（龚学超）

泰戈尔(1861~1941)，印度著名的小说家、剧作家、作曲家和画家，先后完成12部中长篇小说，100多篇短篇小说，20多部剧本，1500多幅画和2000多首歌曲。其作品诗歌集《吉檀迦利》于1913年荣获诺贝尔文学奖，成为首位获此殊荣的亚洲人。

泰戈尔不仅是一位文学家，也是一名出色的画家。关于泰戈尔晚年学画的故事一直流传到现在，成为美谈。

泰戈尔自幼受到良好的家庭教育，8岁就开始写诗，并显露出非凡的才智，13岁即能创作长诗和颂歌体诗集，后来赴英国留学，回国后创办了国际大学。泰戈尔成了有巨大影响力的作家，他的诗在印度享有史诗的地位，他本人被许多印度教徒看做是一位圣人。然而，这些成就并没有使这位时代的巨匠止步。

在泰戈尔70岁的时候，有一天，他突然想学习作画，大家知道了都感到很吃惊。因为作画这种事情是讲究天赋的，孩童时代这种天赋就会表现出来，但是泰戈尔当时已经70岁高龄了，在这之前他从没有认真地去学过作画。大家都劝他不要认真，只当作兴趣来玩一下，然而，在泰戈尔的眼中却不是这样认为的，他开始从基础学起，就像那些受专业训练的人一样去学习。

到他去世的时候，他一共绘制了1500多幅画，而在这1500多幅画当中，有许多是作为艺术珍品在世界许多有名的地方展出的，他在绘画这个领域上取得了惊人的成就。人们在惊叹之余，不禁暗自佩服这位文化巨匠对待生活的态度。

纵观泰戈尔的一生，他的生命被他演绎得富含传奇色彩，正如他的诗歌说的那样，生命如夏花一般绚烂！

岂能尽如人意，但求无愧于心！

——[法] 罗曼·罗兰

“岂能尽如人意，但求无愧于心”出自法国著名的人道主义作家罗曼·罗兰之口。意在告诉人们不要过于自责，只要做事无愧于心，人生总会收获到美丽的果实。

漫漫人生旅途中，做人做事又岂能尽如人意？在这大千世界里，各种人生，无数经历，回首过去，许多人许多事总让人觉得遗憾、后悔。时光无法倒流，我们无法回到从前，无法让一切不顺心不如意重新来过。曾经的失败，曾经的懊恼，曾经的伤心，曾经的离别……但曾经毕竟已过去，我们又如何能努力挽回呢？寻寻觅觅中，我们难以做到顺心顺意，难以做到合乎每个人的心意，因此忘怀曾经的过去，好好过现在的每一天。

岂能尽如人意，但求无愧于心！人生总是这样的，不必求尽善尽美，只要无愧于心便可。做事坚持自己的原则，不随波逐流，不做违背自己良心的事情，尽管有时候做的不尽如人意，但是如果你已经无愧无心，那么你便是最出色的，又何必去计较其中的得与失呢？其实人生很简单，懂得珍惜、知足、感恩就懂得了人生的幸福。纵然曾经是多么不幸，请别怕，跌倒了，站起来拍拍灰尘，重新来过，同样可以获得幸福！让我们用一颗心真诚的生活，积极地对待生活，拥抱属于自己的快乐人生。没有哪个人活在世上是一帆风顺而没有半点坎坷的，世事岂能尽如人意，但求无愧于心便可。

（黄小霞）

罗曼·罗兰(1866~1944)，20世纪上半叶法国著名的人道主义作家，著名的社会活动家、音乐评论家。其代表作有《名人传》、《米开朗琪罗传》、《约翰·克利斯朵夫》等。

罗曼·罗兰年轻时，认识了一位名叫索菲娅的意大利姑娘。索菲娅聪明伶俐，善良可亲，经过多年的交往，罗曼·罗兰渐渐地喜欢上了她。

在一次散步的时候，罗兰勇敢地向索菲娅表达了自己的爱慕之情，他本以为凭借自己的才华，可以博得姑娘的欢心。但让他没想到的是，索菲娅拒绝了他。这使他陷入了深深的痛苦之中。他不明白为何索菲娅拒绝他，为了摆脱这精神上的痛苦，他将自己的全部精力都投入到学习和创作中去。经过多年的努力，他写出了一部举世闻名的作品——《约翰·克利斯朵夫》。

自那以后，罗曼·罗兰声名大振。不久，他再一次向索菲娅表明自己的爱慕之情，而这一次，他终于得到了姑娘索菲娅的芳心。

人生最宝贵的是生命，生命属于人只有一次。一个人的生命应当这样度过：当他回忆往事的时候，他不致因虚度年华而悔恨，也不致因碌碌无为而羞愧。

——[苏联] 奥斯特洛夫斯基

此话出自《钢铁是怎样炼成的》。人生最宝贵的是生命，生命属于人的只有一次。地球每天按照自身的规律转动，人也在一天一天地成长、老去，最终走向生命的终结，这是宇宙不可抗拒的规律。我们无法控制生命的苍老，无法掌握生命的长度，无法停止生命的流动。但是，让生命在精彩充实中度过是我们完全有能力掌控的。我们要让生命的每一分钟都过得有意义，扩展生命的宽度。相信每一天的太阳都是新的，也相信每一天都是一个新的起点。

迎着初升的太阳，站在新的起点上，我们应该对生活微笑，充满信心地过好新的一天。未来，就是这样的一小步一小步地走出来的，而不是靠幻想得来的。当某一天回忆往事的时候，我们能对自己所走过的路无怨

无悔，能告诉自己，我没有辜负日子，我没有虚度年华。所以，在人生路上，我们要一步一个脚印地走，踏踏实实，让生命的每一分钟都过得有价值、有意义。

（陈　雍）

奥斯特洛夫斯基(1904~1936)，苏联著名作家。这部作品是他在1930年身体极度衰弱的情况下开始创作的，他凭着顽强的意志，终在1934年写出了世界著名励志小说《钢铁是怎样炼成的》。

林肯是美国的第16任总统，他为美国废除奴隶制，解放黑奴做出过巨大的贡献。

1809年，林肯诞生在肯塔基州一个荒凉的农场里。他15岁的时候才开始学字母，每天早晚他都要走很长的森林小路到校求学，风雨无阻。他买不起算术书就向别人借，再用一些零碎的纸片抄下来，然后用麻线缝合，作成一本自制的算术书。尽管条件非常艰苦，但是他从来没有放弃过学习。林肯下田工作的时候，也将书本带在身边，一有空闲就看书。中午吃饭时，他也是一手拿着玉米饼，一手捧书。林肯在艰难的情况下发奋读书，从不向命运屈服，从不把光阴浪费在对艰苦的埋怨上。

林肯当选总统后不久，南部奴隶主就挑起了南北战争，林肯面对极其关键的考验，他凭借着自己的非凡毅力和决心履行了自己的职责，即使在遭到诋毁时，也从未动摇他的方向：恢复联邦、废除奴隶制。

Part Three

亲情篇·溶在血液里的爱

有一种爱，流在血液里，总不轻易被我们提起。那些曾被给予的温情和感动，却是我们身后不变的原点，让我们只需轻轻想起，便无法忘记。不管你快乐，沮丧，痛苦，彷徨，它永远轻轻地走在你成长的路上，悄悄地伴着你，直至岁月的终老。

树欲静而风不止，子欲养而亲不待。

——(西汉)韩　婴

“树欲静而风不止，子欲养而亲不待”出自汉代韩婴的《韩诗外传》，意思是说树要静止，风却不停地吹动枝叶，比喻现实情况与自己的愿望相违背，多用于感叹人渴望尽孝双亲时，父母已亡故。

曾经，父母一口一口地喂我们吃饭；曾经，父母一个字一个字地教我们说话；曾经，父母手把手地教我们走路……古有孟宗为母亲“哭竹生笋”，今有“陈毅探母”为母亲洗尿裤。孝敬父母是我们中华民族的传统美

德，是前辈传承下来的宝贵精神财富，是我们每个人应尽的义务，也是我们义不容辞的责任。父母给了我们生命，含辛茹苦地把我们抚养成人，他们对我们恩重如山，情深似海。为人子女的我们，又应该怎样去回报父母对我们的养育之恩呢？

让我们像父母疼我们那样，耐心温柔地对待我们渐渐老去的父母，给他们创造一个充满爱的和谐家庭以安享晚年。珍惜亲情，莫再发出“子欲养而亲不待”那样追悔莫及的悲叹……

（廖辉琼）

韩婴，生卒年不祥，西汉著名儒学学者，西汉今文诗学“韩诗学”的开创者。《韩诗外传》是韩婴的其中的一部著作，另外还有《韩故》、《韩诗内传》、《韩说》等。

名话故事

著名东方学大师季羡林6岁就离开母亲，后来的两次短暂会面，都是由于回家奔丧，待的时间都很短。想着母亲多少日夜眼望远方盼望自己的儿子归来，他发誓要在大学毕业后将母亲接到身边赡养。然而，“树欲静而风不止，子欲养而亲不待”，他上大学二年级时，母亲就去世了。“当我从北京赶回济南，又从济南赶回清平奔丧的时候，看到了母亲的棺材，看到那简陋的屋子，我真想一头撞死在棺材上，随母亲于地下。我后悔，我真不该，我千不该万不该离开了母亲。世界上无论什么名誉，什么地位，什么幸福，什么尊荣，都比不上待在母亲身边……”此后数十年，季老一想到母亲就泪流不止。

即使自己取得再大的成绩，母亲也永远不会回来了。善待尚且健在的双亲，及时行孝，这是季老用永远的悔痛给予我们的忠告。

慈母手中线，游子身上衣。临行密密缝，意恐迟迟归。谁言寸草心，报得三春晖。

——（唐）孟　郊

“慈母手中线，游子身上衣。临行密密缝，意恐迟迟归。谁言寸草心，报得三春晖”出自唐代诗人孟郊的《游子吟》，诗人选取平凡生活中慈母为子缝衣的一幕，即产生一花一世界的效果，表达出浓浓的母爱。这首诗给了我们这样的一个启示：学会用感恩的心看待父母亲人，看待生活，就会发现涓涓细流亦可感人肺腑。

母爱是世界上最感人无私的一种爱。母爱是对女性生育疼痛的一种补偿，是女性为之奉献终生的甘愿，伴随生灵生生世世。

母爱如此之重，儿女又应如何报答呢？中国素有“百行以孝为先”的古训，古代圣贤孝敬父母的故事更是向人们传递孝的深层意义。羊尚有“反哺”之为，何况人类呢？报恩要及时，季羡林先生曾说过：“我后悔，我很后悔，我千不该万不该离开母亲，世界上无论什么名誉，什么地位，什么幸福，什么尊荣，都比不上待在母亲身边……”时不待人啊，莫留下永久的悔恨。

不要再嫌弃在一旁督促你多穿衣多吃饭的母亲太唠叨，不要再埋怨母亲给你太多的期盼，更不要再将自己的母亲与别人的母亲比容貌比财富后暗自伤神。母亲是世界上独一无二的，无论她的爱如何表达，都是对我们最深的爱。

（黄莉梅）

名话名人

孟郊(751~814)，字东野，唐代诗人。孟郊擅长写古诗，以短篇五言古诗最多，诗多描写民间疾苦和世态炎凉。语言力戒平庸，追求瘦硬奇僻的风格，与贾岛齐名，被苏轼称为“郊寒岛瘦”。

名话故事

有一对相依为命的母女生活在一个偏远的小山村里，年轻的女儿厌烦了单调乏味的乡村生活，向往着外面精彩的世界。

一天夜里，女儿悄悄地离开了母亲，奔向她梦想的世界。外面的世界固然精彩，但她找不到属于自己的那一片蓝天，很快她就陷入了无法自拔的泥淖中，这时她知道自己错了。

10年后，女儿拖着受伤的心回到了故乡。到家的时候已是夜里，女儿颤抖地拍门，她猛地想起以前母亲夜里总要谨慎地上过好几道锁，独自拉扯着女儿生活的母亲其实很脆弱。女儿不敢想象自己离开的这十年来母亲是怎样过的，她捂住疼痛的心背靠在门上。

“吱呀”一声门竟然开了，原来门没锁！满头白发的母亲惊慌地走了出来，她很快就认出了女儿，母女两人抱头痛哭。良久，女儿好奇地问：“妈，你今天怎么忘了锁门？有人闯进来怎么办啊？”

母亲哽咽地回答:“从10年前你走的那天开始,我就没锁过门,怕你夜里回来进不了家门。”

10年!母亲36500多个日夜都在苦苦地等待着女儿的回来,其中的辛酸和忧虑可想而知。那天夜里,母亲重新锁上了家门,第一次安心地睡了。

母亲,倘若你梦中看见一只很小的白船儿,不要惊讶它无端入梦,这是你至爱的女儿含着泪叠的,万水千山求它载着她的爱和悲哀归去。

——冰　心

这句话出自冰心的《纸船》一诗,这首诗像一首赞颂母亲的优美乐章。也许,我们一生中没有多少时间是在母亲身边的。读书时期,初中、高中的寄宿生活,大学更是远离母亲的视线,工作后的离乡、繁忙,使我们和母亲待在一起的时间真的很少很少。想一想,自己不在母亲身边的日子,有没有思念过爱你的母亲,有没有给母亲写过一封信,打过一个电话,送过一份礼物?一封信,能够让她反反复复地翻看回味;一个电话,能够让她激动不已；一件礼物，更是能够让她骄傲地向着他人炫耀着："这是我的孩子送给我的！"

每个母亲在孩子们心里都应该是最漂亮的女人，我们所有的一切荣耀都应该归功于我们的母亲。也许，我们出生在普通家庭，也许我们的家境比别人的差，也许在我们的成长过程中多遭受了苦难，但请相信：母亲对我们的爱是天底下最纯洁伟大的爱。爱情会枯竭，青春会失去，友谊也会凋零，唯母爱比所有的一切都长久，当我们回首往事的时候，唯有母爱是不变的依恋。

（郑燕霞）

冰心（1900~1999），原名谢婉莹，中国现代著名作家，儿童文学家。1923 年燕京大学毕业，赴美留学，把在旅途和异国的见闻写成散文寄回国内发表，结集为《寄小读者》，影响了几代读者。主要作品有《冰心小说散文集》、《冰心散文选》、《小橘灯》和诗集《繁星》、《春水》等。

名话故事

罗莎琳是一个性格孤僻、胆小羞涩的 13 岁少女。幼年的时候，她的父亲去世了。母亲索非娅在一家清洁公司工作，她靠微薄的薪金把罗莎琳一手抚养大。家境贫困，没有父亲，让罗莎琳成为别人歧视和侮辱的对象，这些都给她幼小的心灵笼罩下了浓重的阴影。久而久之，她对母亲心生怨恨，认为正是母亲的卑微才使她遭受如此多的苦难。

一天，索非娅由于工作出色而被允许休假一周。为了缓和母女之间的关系，索非娅决定带女儿去阿尔卑斯山滑雪。但不幸的是，她们在雪地里迷了路，对雪地环境缺乏经验的母女俩惊慌失措。她们一边滑雪一边大声呼救，不料，呼喊声引起了一连串的雪崩，大雪把母女俩埋了起来。

出于求生的本能，母女俩不停地刨着雪，历经艰辛终于爬出了厚厚的雪堆。母女俩挽着手在雪地里漫无目的地寻找着回归的路。由于母女俩穿的都是与雪的颜色相近的银灰色羽绒服，救援的直升机没有发现他们。在严寒中，罗莎琳很快就失去了知觉。当她醒来时，她发现自己正躺在医院的床上，而母亲索非娅却不幸去世了。医生告诉罗莎琳，真正救她的是母亲。索非娅用岩石割断了自己的动脉，在雪地里爬行了数十米，在雪地上留下了长长的血迹，引起了救援人员的注意。母亲的爱，可以超越生死，当罗莎琳明白一切的时候，母亲已经离开了她。

家庭是每个人的城堡，世界上没有一个地方比自己的家更舒适，无论那个家是多么简陋、多么寒碜。

——梁实秋

该名句出自中国现当代著名作家梁实秋之口。漫漫人生，无论生活如何艰苦，家庭永远是心灵的栖息地。纵使漂泊他乡，顶风冒雨，家始终是那风雨中默默守候的港湾。

在游子的眼中，家是冬天的棉被，藏着无限温暖的亲情。每一个平常的家都是家人最温暖的天堂。它可以让生活其中的人获得心的给养，得到生命的滋润，让人生不停的奋进。家庭的幸福并不在于拥有多少财富，而是在于和谐的程度。只要彼此之间有爱，不离不弃，无论多么简陋的房子也会变成美丽的皇宫，无论多么寒碜的家也会变得温暖。

家是我们温暖的城堡，住在里面，我们不必惧怕门外的狂风暴雨，也不必惧怕窗外的电闪雷鸣。每一次的风吹雨打，我们总是紧紧相依，不舍不弃，直至温暖舒适的亲情消融那浓密的乌云，迎来美丽的彩虹。

（吴小丽）

梁实秋（1903~1987），名治华，北京人。中国台湾著名散文家、学者、翻译家。1927 年，出版了第一本散文集《骂人的艺术》。1949 年，梁实秋移居台湾，任台湾师范学院英语系教授，再后又兼文学院院长。代表作有散文集《雅舍小品》。

梁实秋先生是一个十分重视感情的人。在翻译莎士比亚全集期间，妻子程季淑对他起到了重大的帮助。在举行译文庆祝会时，他富有深情地写道："我翻译莎氏，没有什么报酬可言，穷年累月，兀兀不休，其间也很少得鼓励，漫漫长途中陪伴我体贴我的只有季淑一人。"晚年，因不忍程季淑受高血压的折磨，梁实秋卖掉在安东街住了 13 年的房子，而后与妻子飞到美国休养。不幸的是，在 1974 年 4 月 30 日，他与程季淑走出菜市场时，一架竖着的梯子突然倒下，击中正经过的程季淑，程季淑后因伤势过重不幸身亡。同年，梁实秋写下了《槐园梦忆》，表达对已故妻子的深切怀念。

“孝”是稍纵即逝的眷恋,“孝”是无法重现的幸福;“孝”是一失足成千古恨的往事,“孝”是生命与生命交界处的链条,一旦断裂,永无链接。

——毕淑敏

这句话出自毕淑敏的《等不起的“孝”》。这是一篇美文,由一个看似有孝但却不孝的故事来引出尽孝要趁早的主旨。

“孝”是指对父母长辈的孝心,是中华民族的传统美德。作为伟大民族的传人,我们要继承、发扬这种美德,做一个有“孝”之人。古人云:“百善孝为先”,想要成为一个善良的人,首先就要懂得孝道。“孝”不是一句漂亮动听的口号,它需要用行动去表达和证明。父母给予我们生命,赋予我们无微不至的关怀和照顾,为了我们的健康成长而日夜劳碌、操心……或许他们这样做是为了老有所养,老有所终,但他们更多的是对子女无私的,发自内心的真挚情感。

对于父母的爱,我们不能视而不见或是把对他们的感激埋藏在心底。即使是一句很平常的问候,一个很自然的动作,也会让他们感动、快

乐不已。因为“孝”是稍微一放松就会消失的眷恋，是无法再次重新出现的幸福，是稍一不小心就会成为后悔一生的往事，是断裂之后无法再链接的生命链条。时间在飞逝，父母整天为我们奔波劳碌，一天比一天衰老，可能有一天我们还没来得及孝敬他们，他们就已经离开我们了。所以，“孝”是等不起的，我们必须要从小开始好好孝顺我们的父母，莫让“孝”丢失在遗憾中。

（邝月娥）

毕淑敏，生于1952年，国家一级作家。曾在西藏当兵和从事医学工作，后开始专业写作，已发表作品200余万字。多次获得庄重文文学奖、陈伯吹文学奖、北京文学奖等各种奖项，著有《心灵处方》、《提醒幸福》、《我很重要》、《女心理师》等。

名话故事

在东汉时期，有一个魏郡太守叫黄香。他钻研学术、勤政爱民，深受乡民爱戴。但最令人敬佩的是他有着一份孝顺父母的孝心，是历史上公认的“孝亲”典范。黄香小时候便失去了母亲，家庭生活困难，父亲因工作劳累经常生病。为了减轻父亲生活的负担，闷热的夏天，为让父亲早一点入睡，他在睡前用扇子赶打蚊子；寒冷的冬夜，他先钻进冰冷的被窝，用自己的身体暖热被窝后才让父亲睡下；冬天，他穿不起棉袄，为了不让父亲伤心，他从不叫冷，总表现出欢呼雀跃的样子，努力在家中创造一种欢乐的气氛，好让父亲宽心。

成功的时候，谁都是朋友；但只有母亲——她是失败时的伴侣。

——郑振铎

“成功的时候，谁都是朋友；但只有母亲——她是失败时的伴侣”源于郑振铎的文章。母爱是陪伴我们一生的最真挚的感情，伟大而平凡，轻柔而深厚。当我们失败的时候，母亲总会一如既往地陪伴我们，安慰我们。母爱是世界上最伟大的，也是最无私的。无论我们处在什么样的环境，母亲都会无微不至地牵挂着我们每一个生活细节。在我们受到挫折的时候，母亲总会无私地伸出她那温暖的双臂，将我们揽入怀中，让我们得到心灵的慰藉，感受到母爱的温暖。有位诗人说过：全世界的母亲都是那么相像，他们的心始终一样，每一位母亲都有一颗极为纯真的赤子之心。这颗赤子之心，在任何时候都陪伴着我们，无论失败还是成功。

在母亲眼里，我们永远都只是孩子。我们成功时她会比我们更加开心，而我们失败时她也会比我们更加难过，这就是母亲的天性，孩子就是她的一切。当我们长大，最重要的不是我们回报了母亲多少物质的东西，而是我们能否给母亲关心和爱。母亲对我们没有什么索取，在她的眼里，一点关心，一点问候，就是对她最好的报答。

（傅　瑶）

郑振铎((1898~1958)，字西谛，笔名宾芬、郭源新。我国现代杰出的爱国主义者和社会活动家，又是著名作家、文学评论家、文学史家、翻译家、艺术史家，也是国内外闻名的收藏家、训诂家。著有《文学大纲》《中国俗文学史》，短篇小说集《家庭的故事》，散文集《山中杂记》等。

名话故事

探监的日子到了，一位来自贫困山区的老母亲，经过乘坐驴车、汽车和火车的辗转，探望服刑的儿子。在探监人五花八门的物品中，老母亲给儿子掏出用白布包着的葵花籽。葵花籽已经炒熟，老母亲全嗑好了。没有皮，白花花的像密密麻麻的雀舌头。

服刑的儿子接过这堆葵花籽肉，手颤抖着。母亲亦无言语，撩起衣襟拭泪。她千里迢迢探望儿子，卖掉了鸡蛋和小猪崽，还要节省许多开支才凑足路费。来前，在白天的劳碌后，晚上在煤油灯下嗑瓜子。嗑好的瓜子肉放在一起，看它们像小山一样一点点增多，自己没有舍得吃一粒。十多斤瓜子嗑亮了许多夜晚。

服刑的儿子低着头。身强力壮的小伙子，正是奉养母亲的时候，而他却不能。在所有探监的人当中，他母亲衣着是最褴褛的。母亲一口一口嗑的瓜子，包含千言万语。儿子"扑通"给母亲跪下，他忏悔了。

砸死我，也要把孩子救出来！

——赵书娃

2008年5月12日，在一场突如其来的地震中，人们承受了巨大的悲痛。在这场灾难中，近十万生命罹难，几十万人受伤，数百万灾民流离失所。短短的3分钟，却成了无数人心中永远无法磨灭的痛，无数温馨家园化为废墟，无数亲人朋友生离死别，无数孩儿幼童成为孤儿，无数的人心理遭受着这场噩梦带来的煎熬。数据是冰冷的，其背后却散发着生命的热度和闪耀着人性的光辉：灾难现场，有用生命作支撑，舍身护生的人民教师；有舍身救人的消防战士；有救出10多名同学的普通小学生……现场之外，有国际友人无私的援助和捐赠，有普通国民众志成城的支援……所有一切，都在用生命诠释生命的意义：无私的爱，感恩的心灵，舍己为人的奉献，永不放弃的求生意志。

赵书娃，甘肃灾区的一位农村妇女，在地震时她为救在屋里午睡的4岁孩子王恒，被震倒的门框和墙体压断两根肋骨，砸伤头部及腿部，而孩子在她怀里却安然无恙。事后在接受记者采访时，她说了一句令世人为之动容的话："砸死我，也要把孩子救出来！"这句铿锵有力的话语背后包含了对孩子深深的爱和对灾难的不屈服。灾难的突然降临，人的第一反应或许是恐惧，然而只要心中充满爱，就可以迎难而上，就算拿生命作砝码，亦无怨无悔。

大地震是大自然对人类文明的洗劫，留下的是满目疮痍的家园和巨大的心灵伤痛。但人类从来不向厄运屈服，过去如此，现在如此，将来也如此。

只要我们心中有“砸死我，也要把孩子救出来！”般的无畏，重建美丽家园的日子就将不会遥远了。

（麦广豪）

名话名人

赵书娃，甘肃灾区一位农村妇女。2008 年 5 月 12 日地震时，赵书娃在院子里，她 4 岁的孩子在二楼午睡。她冲进屋子，将孩子夹在臂弯就往下冲！刚跳到大门口时，门框和墙体“呼”地砸下。她本能地护住孩子，自己却应声倒下。经鉴定，她两根肋骨断裂，头部及腿部被砸伤。所幸的是，孩子仅脸部被轻微擦伤。

名话故事

这是一次地震中发生的关于母爱的感人故事：

大地剧烈震动之后，房屋倒塌。一位母亲和自己刚出生不久的孩子被压在了废墟下，仅留下母子两个人容身的一点空间。在等待援救的日子里，母亲将孩子安全地保护在身子下面。刚开始的时候，母亲还可以用奶水来给孩子补充营养，可后来随着时间一分一秒地过去，母亲的身体越来越虚弱，乳汁也越来越少，为了保住自己孩子的生命，这位母亲断然的做出了一件事……

两天过后，当救援队员挖开废墟的时候，在场的所有人都被眼前的情景震撼了：这位母亲已然气绝，而她的孩子却在她的身下安然无恙，并且嘴里正吮吸着她的一根淌着热血的手指。

原来，在最危难的时刻，母亲将自己的食指咬破放在了孩子的小嘴里，以补充小生命的能量，来争取救援的时间。

她用自己的鲜血滋润了孩子的生命，诠释了无私的母爱。

慈母的胳膊是慈爱构成的，孩子睡在里面怎能不甜？

——[法] 雨　果

名话赏析

“慈母的胳膊是慈爱构成的，孩子睡在里面怎能不甜”出自雨果的经典语录，是雨果对母爱的诠释。母亲有力的臂弯并不仅仅是由力量构成的，它不知蕴藏了多少爱的力量和关怀，是孩子安睡的港湾，即使有再大的风浪也不会有半点摇晃，孩子睡在里面，定会睡得甘甜。从这句话我们可以领会到作为母亲的伟大和无私，只要能躺在母亲的怀里都是幸福的。

母爱，亘古不变。没有伟大诗人的撼人心魄，没有风卷大海的惊波逆流，母爱就像一场春雨，一首清歌，润物无声，悠远绵长。

母爱是相伴我们一生的盈盈笑语，是我们漂泊天涯的缕缕思念，是我们病榻前的关切焦灼，是我们成长中的殷殷期盼。

时光如水，年华易逝，似水的流年淡去了多少成长中的记忆，却始终不改母爱的温暖缠绵。

母爱就像是一首田园诗，悠远纯净，和谐清淡：

母爱就像是一幅山水画，洗去铅华雕饰，留下清新自然；

母爱就像是一阵和煦的风，吹去雨雪纷飞，带来春光无限。

（何彩霞）

雨果（1802~1885），19 世纪法国浪漫主义文学运动的领袖，法国人道主义的主要代表人物，被人们称为“法兰西的莎士比亚”。代表作有长篇小说《巴黎圣母院》、《悲惨世界》、《笑面人》，诗集《光与影》和短篇小说《“诺曼底”号遇难记》等，给后人提供了丰富的精神食粮。

雨果从小就非常喜爱写作，母亲对他的这一爱好非常支持。有一年，著名的美文研究院组织征诗大赛。在小雨果为参赛创作新诗时，他的母亲突然病倒了，几天都处于昏迷状态。小雨果担心母亲，无心创作，只好把一首从前写的《凡尔登贞女》送去参赛。几天后母亲醒来，一看见小雨果就询问参赛情况，小雨果吞吞吐吐地告诉了她实情。在病榻前，母亲用无力的手拉住儿子，轻声地说：“孩子，你不该在难处面前退却。记住，永远不该。我要你得到那金百合花特别奖，你要把你创作中最好的诗送去。”小雨果知道话语中包含着母亲的期望，但他怕来不及。小雨果抬头看着母亲，她的眼睛里满是鼓励和信任，还有期待。他不再犹豫，坐在病重的母亲身旁，在母亲压抑着的咳嗽声中不停地写着、改着。一夜之间写了 120 行诗。在母子共同的期待中，半个月后，这 120 行诗使雨果得到了金百合花特别奖，《凡尔登贞女》同时被评为金鸡冠花奖。儿子的成绩是母亲最好的补药，母亲的病很快便痊愈了。那时，小雨果感到极大的满足。

我们几乎是在不知不觉地爱自己的父母，因为这种爱像人的活着一样自然，只有到了最后分别的时刻才能看到这种感情的根扎得多深。

——[法] 莫泊桑

莫泊桑先生的这句话说出了我们许多人的心声：我们对父母的爱常常是融进血液里，成为生活中的一种习惯，连自己也不会轻易察觉，只有面对生离死别的时候，我们才会明白自己有多爱他们。

有一种爱，迟了就无法再来，它就是对父母的爱；有一种情，走了就无法追溯，它就是亲情。从我们出生的那一刻起，父母的生命中有我们，我们的血液里连着父母。彼此间默契而平静的爱已成为我们成长中的一种习惯，不可以分割开。也正因为这样习惯为常的感情，我们享受着父母的关爱，却常常忽视父母也需要关心和爱。

父母给予了我们生命，生命就是最大的恩赐，我们做任何事情都不足以回报。父母用一生的付出来证明对我们的爱，无论在何种境地，无论我们付出与否，他们都不会离开，永远在那个叫“家”的地方守候着我们归来。

世界上最悲哀的事情莫过于“子欲养而亲不待”。不要等到父母老去那一天，我们才深刻地发现他们在心中的分量，才想去回报对他们的爱。我们要为爱着我们的父母好好活着，好好地爱我们的父母。能爱着他们也是我们的福气。

（何海英）

莫泊桑(1850~1893)，19世纪后半期法国优秀的批判现实主义作家，曾拜法国著名作家福楼拜为师，与契诃夫和欧·亨利并列为世界三大短篇小说巨匠，对后世产生极大影响。代表作品有《一生》、《漂亮朋友》、《羊脂球》、《项链》、《我的叔叔于勒》等。

我国著名的音乐家傅聪是翻译家傅雷的儿子。傅聪在很小的时候就表现出了非凡的音乐天赋，傅雷发现后，决定承担起早期教育的责任，让孩子打好基础。傅雷在平时的工作和生活中作风缜密严谨，对小傅聪教育也是非常严格的。他亲自编制教材，规定儿子每天上课、练琴的时间，还亲自监督傅聪的学习。那时傅聪还只是一个七岁半的小孩子，无法理解自己父亲的做法。他在父亲的面前，总是小心翼翼，不敢有所任性，只有当父亲出门的时候，才敢大声笑闹，尽情地玩乐。

一天，傅聪像往常一样，坐在房间里连续几个小时地练琴。他弹得手指酸痛，又害怕父亲过来监督，只好勉勉强强地弹下去。突然他来了灵感，放下琴谱，弹出了自己的曲子来。这时父亲从楼上下来，傅聪害怕父亲责骂自己走神，连忙停止了弹琴。但是傅雷并没有责骂孩子，只是叫傅

聪把自己的曲子重新弹了一遍又一遍，夸奖说这是一个很好的曲子。傅聪听了父亲的话，心中充满了喜悦。然后傅雷又跑到楼上拿了空白的五线谱，亲自把曲调记下来。小傅聪的音乐成果首次被记录下来，看着父亲同样喜悦的脸庞，他突然明白了父亲一直以来对自己的爱，心中对父亲充满了爱意。从此，傅聪更加努力地学习，以此来表达对父亲的深深的敬爱。

傅聪清楚父亲对自己的爱，也明白自己对父亲的爱，这种爱一直激励着他在音乐的领域不断地探究，使他最终成为一名出色的音乐家。

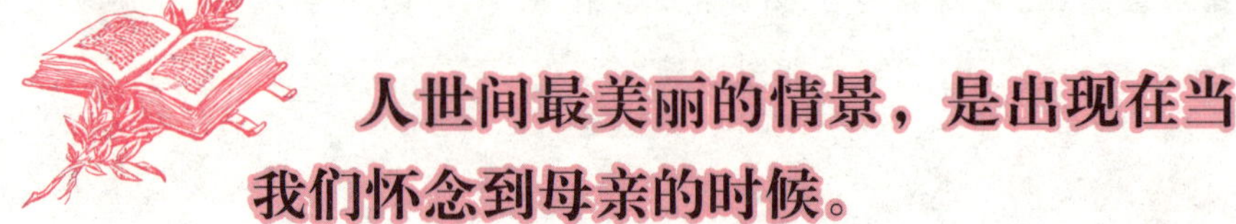

人世间最美丽的情景，是出现在当我们怀念到母亲的时候。

——[法] 莫泊桑

很多人都认为，“披上婚纱的那一刻，是一个女性最美丽的一刻”。其实，当一名女性成为母亲的那一刻，才是真正最美丽的时刻。母亲的祥和，宛如圣灵周围的神光，散发出圣洁的氤氲。看着母亲满足的笑容，除了纯净甜蜜，心无杂念。

夜深人静，当我们想念起母亲的时候，这是人世间最美丽的情景，也是最温馨的场面。“慈母手中线，游子身上衣。临行密密缝，意恐迟迟归。

谁言寸草心，报得三春晖？”母亲，在我们的心目中，永远都是爱的港湾。有母亲在的地方，才有所谓的家，才会有家的感觉。想想母亲，我们的心里充满温暖，再寒冷的季节，都会涌起阵阵暖意；再失落的心都会暂时忘记沮丧，在母亲亲切的关怀中重振信心。

《世上只有妈妈好》，这首歌温暖了大江南北的每一个角落，也歌颂了每一个无私的母亲。是的，母亲的爱，就如一床厚厚的棉被，即使再冷的冬天，都会让我们感到温暖如春。

（殷兆伟）

详见前文第 81 页。

一天，莫泊桑带着一篇新作去请教法国杰出的现实主义作家福楼拜。在福楼拜家中，他看到桌上放着厚厚的一叠文稿，于是好奇地翻开来看，却见每页上都只写了一行，其余九行都是空白。

莫泊桑不解地问：“先生，您这样写，不是太浪费稿纸了吗？”

福楼拜笑了笑，说：“我早已养成了这种习惯，一张十行的稿纸上，只写第一行，其余九行是留着修改用的。”

莫泊桑听了，恍然大悟。于是立即告辞，回家修改自己的小说去了。

世界上没有贫穷的母亲，没有丑陋的母亲，没有老迈的母亲。

——[比利时] 梅特林克

母亲，多么亲切的称呼。是她，给予我们生命；是她，教会了我们迈出人生的第一步；是她，用乳汁哺乳了我们的成长。她是带我们来到这个世界的人，我们身上流着她的血。

世界上没有贫穷的母亲。母亲很富有，因为她们的世界充满了爱，充满了对儿女的爱，无论走到天涯海角，总有一份母爱伴随在我们身边，给予我们帮助，给予我们鼓励。母亲并不贫穷，她将一生朴实的爱都给了儿女们。母亲使爱变得丰富，爱使母亲变得富有。

世界上没有丑陋的母亲。一个人的容颜不是自己能决定的，但是一个人的品行、心态却是后天形成的。母亲长得不美，她对儿女的爱都不会因此而减少。我们不能因为母亲长得不美而拒绝叫她母亲，不能因为母亲长得不美而否定她对你的爱。母爱使她容光焕发，母爱使她善良，使她成为你生命中最美的女人。就像美国总统乔治·华盛顿所说的那样，“我的母亲是我见过的最漂亮女人。”

世上没有老迈的母亲。正如荷马所说，“青春会逝去；爱情会枯萎；友谊的绿叶也会凋零。而一个母亲内心的希望比它们都要长久。”是的，爱不会因为岁月的流逝而逊色，爱不会因生命的老去而逝去。即使母亲老去了，她心里永远装着她的儿女，儿女就是她的生命，是她一生的牵挂。

这个世界上没有贫穷的母亲，没有丑陋的母亲，没有老迈的母亲，在儿女心中，母亲是最富有、最美、最年轻的魅力女性。

（吴亚枚）

名话名人

梅特林克(1862~1949)，他的作品集科学与文学于一体，表现出丰富的想象力和独特的个人风采，曾被看做是比利时的“莎士比亚”。其主要作品有《青鸟》、《盲人》、《不速之客》等，其中梦幻剧《青鸟》被认为是他的巅峰之作。

名话故事

陈毅是我国的开国功臣，他的丰功伟绩我们永记在心。这位元帅孝敬父母的精神也是值得我们学习的。

陈毅的母亲身患重病，瘫痪在床，大小便不能自理。1962 年，陈毅元帅出国访问回来，路过家乡，就抽空去探望老母亲。陈毅进家门时，母亲非常高兴，刚要向儿子打招呼，忽然想起了换下来的尿裤还在床边，就示意身边的人先把它藏到床下。

陈毅见到久别的母亲，心里很激动，上前握住母亲的手，嘘寒问暖。过了一会儿，他对母亲说：“娘，我进来的时候，你们把什么东西藏到床底下了？”母亲看瞒不过去，不好意思地只好说出实情。陈毅听了，忙说：“娘呀，你是我的娘，您久病卧床，我不能在您身边伺候，心里已经非常难过了，这裤子应当由我去洗，何必藏着呢。”母亲听了很为难，她不想让一个元帅去帮她洗尿裤，于是旁边的人连忙把尿裤拿出，抢着去洗。陈

毅急忙挡住并动情地说："娘，我小时候，您不知为我洗过多少次尿裤，今天我就是洗上10条尿裤，也报答不了您的养育之恩！娘，无论怎样，我是你的儿子，我是不会嫌弃你的。"说完，陈毅把尿裤和其他脏衣服都拿出洗得干干净净，母亲欣慰地笑了。

时间可以让人丢失一切，可是亲情是割舍不去的，即使有一天，亲人离去，但他们的爱却永远留在子女灵魂的最深处。

——[苏联] 高尔基

亲情，不仅仅是血缘上的关联，它更是剪不断，打不散的情感纽带。亲人一个不经意的动作，一句简单的话语，往往会给人无限的温馨和安慰。即使没有惊天动地的举止，却也可以让我们感动一生。

在生活中，只要我们用心体会就会发现，其实，亲情无所不在，亲人的无数细节行动都饱含了他们满满的爱。出门前不断地叮嘱，那不是啰嗦，是担心和关怀；归家时，他们不停地为你张罗你喜欢吃的东西，那不是闲着无事做，那是喜悦和安心。所以，我们也要经常关心问候亲人，常回家看看。尤其是在经济发展越来越快的社会里，很多人的生活节奏变得越来越快，他们往往忽略了亲人的感受。而处于年少的我们，正是得到亲人最多关怀和照顾的时候，我们应该用自己适合的方式去珍惜这份亲情，爱惜我们的亲人，让亲情这杯酒越来越醇美。

（邝月娥）

高尔基(1868~1936)，现实主义文学的奠基人，无产阶级革命文学导师，苏联文学的创始人。1906年，高尔基发表了代表作——《母亲》。在世界文学史上，它是一部划时代的巨著，开辟了无产阶级文学的新的历史时期。作者其他著名作品有《童年》、《我的大学》和散文诗《海燕》等。

高尔基从小就非常喜爱看书，但是家里很穷，他只好到一家裁缝店当学徒。

在裁缝店里做学徒非常辛苦，但小高尔基仍然不忘要看书。因为小高尔基知道老板订了一份《俄罗斯报》，所以，趁老板不在时，他就偷偷看这份报纸。

除了偷偷地看报纸，他还会向别人借书回来看。有一次，小高尔基从邻居家借来一本小说，趁老板晚上睡着以后，在窗边借着月光津津有味地读起来。过了一会儿，月亮躲到了云层后面，小高尔基兴致正浓，怎肯罢手？就点燃一盏小油灯继续看下去。不幸的是，老板很快就醒过来了，他看见小高尔基在油灯下如痴如醉地看一本厚厚的书，不由得怒气冲冲地说："看什么看，你把我家的灯油都快用光了！"这时，老板娘也醒过来，像一头母狼似的扑上去殴打小高尔基。

苦难和挫折都没有浇灭高尔基对读书的渴求，在后来的生活中，他

依然是如饥如渴的读书，还一边读书一边思索，从大量的书籍中悟出了许多人世间的道理。大量的阅读与思考也为他以后的文学创作提供了丰富的营养，更为他最终成为苏联大文豪奠定了厚实的基础。

当我们在一些难关面前停顿下来的时候，他总是说："你会把它弄好的！凭你的聪明，这点小事是难不倒你的！"而我们往往就因为父亲这句话，奇迹似的把本来弄不好的东西弄好，对本来视为畏途的工作发生兴趣。

——[法] 罗曼·罗兰

这句话出自法国作家罗曼·罗兰，意思是每当我们遇到困难，父亲的鼓励话语总会对我们产生神奇的效果，使得我们最终克服困难。

自古以来，绝大多数家庭中的父亲都是一个权威的角色，正因为如此，我们才从父亲身上看到更多的坚毅和鼓舞。父亲就像孩子的方向盘，指引着孩子前进。很多时候，他的一句话、一个眼神，传递给我们的都是充满信任的鼓励，在我们心中瞬间转化成一股克服困难、勇往直前的力量。父爱是无私的。曾经有一则这样的新闻:一位父亲从外面看到自己的孩子从八楼之高的阳台上掉下来，当时他距孩子落地点有100米左右，而孩子从八楼掉下来只需要几秒钟,但是在孩子落地前,父亲以不可思议的速度冲上去,并接住了孩子。是什么力量让父亲如此神速?是爱的力量,是亲情的力量。

生活中,我们不是缺少爱,而是缺少发现。父亲,乃至于其他亲人,在平常生活中,说的每一句话,做的每件事可能都是很平凡,但却是包含爱意的,那是一种爱的教育,是一种亲情教育。这种力量,从来就是这么的伟大,从来就是这么的不可思议。它巨大无比,却难以察觉。对于爱,我们需要承认它有时的平凡,接受它的平实,感动于它的到来,但却不能怀疑它的真实!

父爱,母爱,亲情之爱……这些爱的力量是载着我们前进的小舟。

(吴亚枚)

详见前文第60页。

1989年美国洛杉矶发生了一场大地震，在不到4分钟的时间里,30万人家破人亡。

在大地震中,一个年轻的父亲安顿好受伤的妻子,便冲向他7岁的儿子就读的学校。可在他眼前,那幢昔日充满孩子们欢声笑语的漂亮的三层教学楼,已变成一片废墟。

他顿时感到眼前一片漆黑,大喊:“阿曼达,我的儿子!”跪在地上大哭了一阵后，他猛地想起自己常对儿子说的一句话:“不论发生什么,我总会跟你在一起!”他坚定地站起身,向那片废墟走去。

他知道儿子的教室在楼的一层左后角处，他疾步走到那里，开始动手。

在他清理挖掘时，不断地有父母急匆匆地赶来，看到这片废墟，他们痛哭并大喊："我的儿子！""我的女儿！"哭喊过后，他们绝望地离开了。有些人上来拉住这位父亲说："太晚了，他们已经死了。"这位父亲双眼直直地看着这些好心人，问道："谁愿意来帮助我？"没人给他肯定的回答，他便埋头接着挖。

救火队长挡住他："太危险了，随时可能发生起火爆炸，请你离开。"

这位父亲问："你是不是来帮助我？"

警察走过来："你很难过，难以控制自己，可这样不但不利于你自己，对他人也有危险，马上回家去吧。"

"你是不是来帮助我？"

人们都摇头叹息着走开了，都认为这位父亲因失去孩子而精神失常了。

这位父亲心中只有一个念头："儿子在等着我。"

他挖了8小时、12小时、24小时、36小时，没人再来阻挡他。他满脸灰尘，双眼布满血丝，浑身上下破烂不堪，到处是血迹。到第38小时，他突然听见底下传出孩子的声音："爸爸，是你吗？"

是儿子的声音！父亲大喊："阿曼达！我的儿子！"

"爸爸，真的是你吗？"

"是我，是爸爸！我的儿子！"

"我告诉同学们不要害怕，说只要我爸爸活着就一定来救我，也就能救出大家。因为你说过，不论发生什么，你总会跟我在一起！"

"你现在怎么样？有几个孩子活着？"

"我们这里有14个同学，都活着，我们都在教室的墙角，房顶塌下来架了个大三角形，我们没被砸着。"

父亲大声向四周呼喊："这里有14个孩子，都活着！快来人！"

过路的几个人赶紧上前来帮忙。

50 分钟后，一个安全的小出口开辟出来。

父亲声音颤抖地说："出来吧！阿曼达。"

"不！爸爸。先让别的同学出去吧！我知道你会跟我在一起，我不怕。不论发生了什么，我知道你总会跟我在一起。"

这对了不起的父与子在经过巨大的磨难后，无比幸福地紧紧拥抱在一起。

我们几乎是在不知不觉地爱自己的父母，因为这种爱像人的活着一样自然，只有到了最后分别的时刻才能看到这种感情的根扎得多深。

Part Four

友情篇·高山流水

有这样的一朵花，需要用忠诚去播种，用热情去灌溉，用谅解去维护；

有这样的一道阳光，照亮每一处荒凉的角落，唤醒每一个孤独的灵魂；

有这样的一首曲调，人生道路上不可或缺；

有这样的一个人，陪你一起笑，一起哭……

有朋自远方来，不亦乐乎？

——（春秋）孔　子

“有朋自远方来，不亦乐乎”出自《论语·学而》。“朋”指朋友，即志同道合的人；“乐”是快乐。这句话意思是：有朋友从远方而来，不也是一件很快乐的事情吗？

朋友，在我们的人生旅途中一道是不可或缺的风景，有了朋友的天空，总会让人觉得云淡风轻。但是，曾几何时，“朋友”似乎被染上功利的色彩，每一次付出都是希望以最小的感情投资获取最大的效益。钟子期、俞伯牙式的“高山流水”，高渐离、荆轲式的“易水击筑”已成为远去的绝响。

也许生活在这个快节奏的社会，面对着激烈的生存竞争，我们已经习惯紧闭心扉，穿着看似最友善的外衣在人群中穿梭。但亲爱的朋友们，不要吝啬你的真诚和热忱，请相信人间自有真情，打开你的心扉去接纳和结交益友吧，因为拥有一些真正的朋友是一件很幸福的事情。真正的朋友跟你分享快乐，为你分担忧愁，在危难时刻和你站在一起。正如培根所说，“友谊的主要效用之一就在于使人心中的愤懑抑郁得以宣泄、弛放……对一个真正的朋友，你可以传达你的忧愁、欢悦、恐惧、希望、疑忌、谏诤，以及任何压在你身上的事情。”

在某个风清月朗的晚上，“有朋自远方来”，大家聚集在屋里，围着炉火，促膝而谈，聊聊喜怒哀乐，说说人生得失。高兴的时候，拍掌而笑；不高兴的时候，相互痛诉。这样，迎来一腔通明透彻的心情，岂不是很快乐吗？

（麦广豪）

孔子（前551年~前479），名丘，字仲尼，春秋末期鲁国人。我国古代伟大的思想家、政治家、教育家，儒家的创始者。晚年整理我国第一部编年体史书《春秋》。《论语》一书是研究孔子学说的主要资料。

孔子从事教育事业，创办私学，吸引了众多的学生前来学习，并针对不同特点的学生因材施教。

有一天，子路对孔子说：“听到朋友穷困，是不是可以立即送些财物帮助他呢？”孔子说：“你有父亲和哥哥还活着，你怎么不与他们商量一下便自作主张呢！”过了一会儿，冉有也来问同样的问题，孔子却说：“应该听到后就去实行。”这时，站在一边的公西华被弄糊涂了，不由得问孔子缘故。孔子说：“冉有为人懦弱，遇事退缩，所以要激励他的勇气；子路武勇过人，自以为是，所以要抑制他一下。”

孔子这种因材施教的教学方法，取得了很大的成效。相传孔子的弟子3000多人，身通六艺者70余人。这些弟子不少各诸侯国中参政、从政，在当时的政治事务中发挥了一定作用。子贡包揽了鲁国的大部分外交事务；冉求成为季康子的得力干将，颜回、子由、子夏等都在鲁国做过官；曾参、子游等则继承和阐发了孔子的思想，为传播儒学作出贡献。可谓桃李满天下。

士为知己者死，女为悦己者容。

——《战国策》

“士为知己者死，女为悦己者容”出自《战国策·赵策》，意思是说男人愿意为非常理解自己的朋友牺牲，女人愿意为自己喜欢的人装饰自己的仪表。这句话主要是用来形容知己难求，知音难觅。

人生得一知己足矣。卧龙出山，未捷而身先死，只为报玄德“三顾”之恩；伯牙摔琴不复奏高山流水，只为缅怀子期知遇，此足为知己者死也。日上三竿，易安懒起画娥眉；家财万贯，十娘怒沉百宝箱，皆因悦己者不复存在。

朋友与知己的区别在于，朋友是可以谈话的两个人，而知己却是可以交心的两个人。知己是一种很微妙的关系，面对那个知你、懂你的人，你的心完全可以不设防，什么话都可以自由的说。朋友是交情，而知己是交心。

人的一生会遇到很多的人，但未必会遇到一个你与他彼此之间都愿意为对方放弃生命的人。你遇到了吗？

（龚学超）

名话出典

《战国策》是战国时游说之士策谋和言论的汇编，由西汉末刘向编定，是先秦历史散文成就最高，影响最大的著作之一。该书文辞优美，语言生动，富于雄辩与运筹的机智，描写人物绘声绘色，在我国古典文学史上占有重要地位。

名话故事

按史书记载，晋阳之孙豫让在知伯的门下做事，知伯非常信任和重用他，把他当作知己来看待，什么事情都跟他说。后来，赵襄子杀死了知伯，豫让有幸逃过一劫，他逃到山里躲起来，仰天大喊："嗟呼！士为知己者死，女为悦己者容，吾其报智氏矣。"

于是，豫让开始策划刺杀赵襄子，但是他连续刺杀了几次，每次都被赵襄子发现被捉，而赵襄子因佩服他的义气每次都没有杀他。在最后一次，赵襄子实在觉得不可思议，他非常纳闷地问："你不是也跟随过其他的主人吗？他们也被杀了，为何只为知伯报仇而不为其他人报仇呢？"豫让说："其他人把我与众人一般看待，只有知伯把我看做知己。"

海内存知己，天涯若比邻。

——（唐）王　勃

“海内存知己，天涯若比邻”出自王勃的《送杜少府之任蜀州》，全诗为：“城阙辅三秦，风烟望五津。与君离别意，同是宦游人。海内存知己，天涯若比邻。无为在歧路，儿女共沾巾。”纵观整首诗，我们理解起这句诗来就容易多了：如果四海之内有我们的朋友，即使他们远在天边，感觉也如同邻居一般。

离别，是生活中常有的事。有离别自然就有送别，一般的送别的场面免不了“儿女在歧路共沾巾”的不舍。然而诗人王勃却让我们看到的是另外一番场面，同时让我们对友谊有了新的认识。

每个人都会有朋友——只要你用心去交往。友情不是用时间和距离来衡量的。我们能成为朋友，是因为彼此“知心”。即使远隔天涯，朋友的心始终是在一起的。通常能理解我们心情的只有朋友，和我们最贴近的也是朋友。遇到困难或者困惑的时候，尽管朋友在远方，但只需一个电话，把你的心事述说出来，他也能为你解愁。所以，朋友是与你的“心”连在一起的人，尽管他们在远方，你也会感觉到仿佛他们就在你身边。

（陈　雍）

详见前文第 39 页。

正所谓“人生难得有一知己”，马克思和恩格斯的友谊历来为人们所赞颂。

1863 年，恩格斯的妻子患心脏病突然去世。恩格斯的心情十分悲痛，于是他写信给马克思。可是那时候的马克思正面临着生活的重重困境，他在给恩格斯的回信中对玛丽的噩耗只说了一句平淡的慰问话语，却不合时宜地诉说了一大堆自己生活上的困境。生活的困境折磨着马克思，使他忘却了、忽略了对朋友不幸的关切。正在极度悲痛中的恩格斯，收到这封信，不禁有点生气。从此以后两人的通信不如以前频繁了。

这是他们友情的一个波折，这个时候友谊经历着考验。10 天以后，当双方都平静下来的时候，马克思写信给恩格斯说：“从我这方面说，给你写那封信是个大错，信一发出我就后悔了。然而这决不是出于冷酷无情。我的妻子和孩子们都可以作证：我收到你的那封信（清晨寄到的）时极其震惊，就像我最亲近的一个人去世一样。而到晚上给你写信的时候，则是处于完全绝望的状态之中。在我家里待着房东打发来的评价员，收到了肉商的拒付期票，家里没有煤和食品，小燕妮卧病在床……”由于一直对朋友的了解和信赖，恩格斯在给马克思的回信中说：“对你的坦率，我表示感谢。你自己也明白，前次的来信给我造成了怎样的印象。我接到你的信时，她还没有下葬。应该告诉你这封信在整整一个星期里始终在我的脑际盘旋，没法把它忘掉。不过不要紧，你最近的这封信已经把前一封信所留下的印象消除了，而且我感到高兴的

是，我没有在失去玛丽的同时再失去自己最老的和最好的朋友。"恩格斯还随信寄去一张100英镑的期票，以帮助马克思渡过困难。

莫愁前路无知己，天下谁人不识君。

——(唐)高　适

"莫愁前路无知己，天下谁人不识君"出自高适的《别董大》(其一)，这两句诗既是对朋友的慰藉，希望他不要灰心；又是亲密朋友间真挚感情的流露，表达了对朋友的关心和劝慰。

在古代，有志之士或为理想远赴他乡，或遭贬流放异地，或迫于无奈远足。一旦分离，可能后会无期。远行的游子离开了熟悉的家乡，离开了知心的亲朋好友，等待着他的会是一个怎样的世界呢？未来无法预测，人生犹如浮萍，漂泊他乡倍感孤独寂寞，然而带着友人的关爱和对理想的不舍追求，前路亦将一片光明。

生活在现代社会的我们，不再有路途遥远的烦恼，不同国家之间也自由往来。但从人生旅途来看，就有与古人离愁别绪相暗合之处。一个完整的人生都要经历童年、青少年、中年和老年几个人生阶段，其生活范围也随之不断变化，身边的人也不可能都可以伴随你终生。因而在离开昔日好友，进入一个陌生的环境时，我们该持何种心态呢？不要做过多的猜测、过多的徘徊，懂得自爱、自信、自强加上一颗真诚的心，带上阳光般的笑容，你会收获温暖的回报以及更多的友谊。

（黄莉梅）

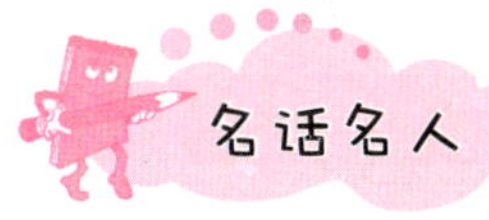

名话名人

高适(700~765)，字达夫、仲武，唐代著名的边塞诗人，与岑参并称“高岑”。安史之乱后，曾任淮南节度使，彭、蜀二州刺史，剑南节度使等职，官至左散骑常侍，进封渤海县侯，世称“高常侍”。高适的诗歌深刻地反映现实，笔力雄健，往往体现出一种慷慨悲壮的美感。有《高常侍集》《中兴间气集》等传世。

名话故事

白居易是中唐时期一位杰出的诗人，但他的一生仕途坎坷、生活颠沛流离。幸运的是他一生中遇到过很多知音。

白居易小小年纪就离家避难，随后南北奔走，饱尝艰辛，他的少年时代就是从家人骨肉分离的动荡中度过。白居易16岁初到长安时，举目无亲，想要得到一位名师的指导。他便拿着自己做的一首五言律诗《赋得古原草送别》去拜见老诗人顾况。顾况闻他名居易，便开玩笑说：“长安米贵，居恐不易。”及读到这首诗的“野火烧不尽，春风吹又生”时，大为赞赏，说有这样的文笔，居长安不难。白居易在陌生的环境中遇到了一位知音，在顾况的指点帮助下，他开始了诗人的生涯。

白居易在31岁时，与元稹等同时及第，与元稹相识，从此成为莫逆之交。元和十年正月，白居易与元稹在长安久别重逢，两人经常畅谈达旦，吟诗酬和。但事隔不久，两人因为朝廷的黑暗，先后被贬他乡任司马。

白居易离开长安走的恰好是元稹不久前走过的路。白居易一路上反

复吟咏好友元稹的诗卷，借此来慰藉孤独的心情，一直看到眼睛痛为止。当元稹听说朋友被贬官降职时，他病中惊起，愁苦万分；当元稹听说朋友梦中思念自己时，他病中梦非所想，悔恨交加；当元稹接到朋友千里来信时，他泣不成声，老泪纵横。

同是天涯沦落人，相逢何必曾相识。

——（唐）白居易

“同是天涯沦落人，相逢何必曾相识”语出白居易的《琵琶行》，意思是朋友贵在知心，真正的朋友没有金钱和地位的区别，无论以前是否相识，又是否有着不同身份，只要彼此之间相诚相待，那未尝不可相交。

友情是根植于高尚的精神，而不是植根于低俗的利欲；友情是彼此为对方吹响的前进号角，而不是相互利用的工具；友情是彼此为对方美好情操而唱的赞歌，而不是相互间的哄骗和吹嘘；友情是为了使朋友之间成为彼此纯洁品行的一面镜子，而不是为了使彼此成为对方恶行的帮凶……正是因为有了友情，我们才能更加感受到做人的尊严和光荣。但古人有的谴责白居易不该夜入商妇之船，所谓非礼勿看，非礼勿近，认为有违于礼法。我们倒认为，白居易能冲破旧社会残酷的封建等级观念，平等地对待一个地位卑贱的歌伎是君子之为。正是因为没有尊卑贵贱之分，才显示了友谊的圣洁之光。真正的友谊是高尚得不容半分歧视，半分不公。同时也不因相识时间的长短而论其珍贵与否，一切只因彼此之间的惺惺相惜，和谐默契。

朋友便是如此，正所谓君子之交淡如水，淡淡的一次偶遇，沧桑江湖的一曲倾听，渺茫天涯的细语相诉，就足以令人感动一生，相知相惜一辈子。

（黎文英）

名话名人

白居易（772~846），字乐天，晚年号香山居士，字号“醉吟先生”，人称“诗魔”，中唐时期现实主义的伟大诗人。青年时期家境贫困，对社会生活及人民疾苦有较多的接触和了解，读书时期特别刻苦以至于舌上生疮。白居易写下了不少揭露现实黑暗，反映劳动人民痛苦的诗篇，作品有深刻的现实意义。

名话故事

战国时期有一个人叫俞伯牙，这人琴弹得特别好。有一天他在深山老林里弹琴的时候，来了一个打柴人叫钟子期。俞伯牙一弹琴，钟子期就说了：“峨峨兮若泰山。”俞伯牙心里很惊讶，因为他心里正想表现高山呢，就被听出来了。俞伯牙心想：我换一个主题，我表现流水，看你还能不能听出来。谁知，钟子期一听，又说：“洋洋兮若江河。”不管俞伯牙弹什么，钟子期都能听出音乐表现的内容。于是两个人就成为好朋友，成为知音。但是，没多久钟子期去世了，俞伯牙痛失知音。在伤心到极点的时候，他就把自己的琴给摔了，发誓永远不再弹琴。朋友不一定要有很多，但知音一个就够了！朋友，不一定合情合理，但一定知心。不一定形影不离，但一定心心相惜。不一定锦上添花，但一定雪送炭。不一定常常联

络，但一定放在心上。人生中有了友谊，就不会感到孤单，日子也会变得丰富多彩，它宛如一潭清泉，从那里我们可以汲取到生命的浆液。用我们的心去经营友情吧。

千里送鹅毛，礼轻情义重。

——（南宋）罗 泌

“千里送鹅毛，礼轻情义重”出自南宋著名诗人罗泌撰著的一个典故。人们常用“千里送鹅毛，礼轻情义重”这句话比喻收到的礼物虽然微薄，但却含有深厚的情义。

赠送礼物往往意味着向别人传递着友好、尊敬、祝福等感情，而欣然收下礼物就表示愿意接受别人的好意，承认对方的诚意，愿意保持和发展彼此的友好关系。但并不是礼物越贵重，代表的意义就越深刻，它要根据送礼的对象、环境、时节还有风俗习惯来决定，而最重要的还要有诚意。一件礼物，无论它多么的昂贵，如果缺少诚意的话，那仅仅是一件供摆设和使用的物品，而绝不会成为人与人之间感情交流的桥梁。所以在送礼或者是收礼的时候，我们不能够只注重礼物的价格含量，更应该看重的是礼物所包含情义的深重，这样我们才能更好地领会对方的心意，进行思想情感的交流，加深彼此的了解和交往。但在现代的物质社会上，有人把金钱看得越来越重，而忽略了情义的存在。显然，这是一种“轻情重礼”的行为，他们的友情只是建立在物质的基础上，是难以持久常青的。为此我们应该牢记“千里送鹅毛，礼轻情义重”这句话，持正确的态度对待“礼”，从而促进人与人之间的友好交往。

（邝月娥）

罗泌（1131~?），南宋吉州庐陵（今江西吉安）人，字长源，号归愚。其从小便喜欢读书，善于写作诗文，是南宋时期有名的诗人。

名话故事

唐朝贞观年间，云南土司缅氏派遣一个叫缅伯高的使者把一只稀有的白天鹅送到长安，给皇帝唐太宗进贡，以表示对唐王朝的拥戴。缅伯高深知白天鹅的贵重，一路上对白天鹅照顾非常周到。有一天，缅伯高走到沔阳湖边，他看到清澈的湖水泛起点点的涟漪，又看到天鹅已经渴得伸长脖子了，就忍不住要停下来给天鹅喝水。他小心翼翼地将天鹅放入水中。不料，天鹅喝足水后却呼啦一声振翅飞向天空了。缅伯高急忙伸手去抓，可结果只抓到了一根鹅毛。这可把缅伯高吓坏了，心想，如果这样回去交差，那肯定是吃不了兜着走的。于是，为了表达诚意，他就带着这根鹅毛，并在包羽毛的那块锦绸写上一首打油诗：天鹅贡唐朝，山高路又遥。沔阳湖失宝，倒地哭号啕。上复唐天子，请饶缅伯高。礼轻情义重，千里送鹅毛。然后就继续跋山涉水，风餐露宿，向长安前进。

来到长安，唐太宗接受各地使臣朝拜时，那些使臣一个一个献上名贵的金银珠宝或者有特色的地方产品。轮到缅伯高的时候，只见他双手谨慎地捧着一根洁白的鹅毛，向前郑重地献给唐太宗。这让在座的人都觉得很惊奇。唐太宗心中也非常纳闷，但他接受了羽毛，看到那首诗，听

了缅伯高的诉说之后，爽朗地哈哈大笑起来。最后，唐太宗非但没有怪罪缅伯高，还在众人面前称赞他忠诚老实，并重重奖赏了他。

可进可出，若即若离，可爱可怨，可聚而不会散，才是最天长地久的一种好朋友。

——(台湾)三　毛

名话赏析

“可进可出，若即若离……”出自三毛的散文集《谈心》里的《说朋道友》，意为：朋友无论隔着千山万水，都如同在身边一样，令人喜爱又可以相互倾诉不满，可以相聚而不会分散。

我们早已向往钟子期和俞伯牙高山流水般美好的友情，可是现实中，我们却常常埋怨没有人懂得自己，自己曾经信任的友人，有时也会疏远自己。三毛告诉我们：“朋友中之极品，便如好茶，淡而不涩，清香但不扑鼻，缓缓飘来，细水长流。所谓知心也。”朋友相交，贵在知心，最不可取的在于霸占或者单方强求他人。

“君子之交淡如水，小人之交甘如醴”，每个人的背后都

有着不同的人生故事，有自己的隐私和空间，所以对待友人要像对待自己一样，用心地呵护和尊重。朋友的价值，总是在你失意和沮丧的时候体现出来，也许他们是夏夜的萤火虫，在你感到孤独的阴湿夜晚，闪烁于你的房前屋后，点燃你久违的希望和勇气。友谊亦是一张双人票，要两颗心相依相偎，风雨同舟。

（何海英）

三毛(1943~1991)，原名陈平，祖籍浙江舟山，后旅居台湾。3岁时读张乐平先生的《三毛流浪记》，印象极深，后遂以“三毛”为笔名。著有散文、小说集《撒哈拉的故事》、《哭泣的骆驼》、《温柔的夜》、《梦里花落知多少》等。

在三毛的朋友中，有一个叫莫里的日本小摊贩。他各国流浪，经商谋生。在丹娜丽芙岛上，他摆了一个小摊，卖一些小工艺品。三毛在市集偶遇莫里，非常喜欢他的谦和诚恳，于是和丈夫荷西一起请他回家吃饭。一来二去，3个人成为很好的朋友。

后来莫里所有财产被偷光，又大病了一场。这时恰巧三毛搬家，无法和他联系上。三毛愧于在朋友最贫困时候没有给予帮助，就悄悄让人把他的摊子包买一空，来资助他。直到莫里离开丹娜丽芙，三毛一直对他很关切，后来还写了《相逢何必曾相识》一文来纪念这段难忘的友谊。

三毛钟爱流浪，一生到过54个国家，交友无数。神父、老师、女工、小贩……各色各样不同阶层的人都可以成为她的朋友。她交友“可进可出”、“可聚不会散”，既不改变她的生活方式，又顾及朋友的感受，才赢得了友谊的天长地久。

友谊和花香一样，还是淡一点的比较好，越淡的香气越使人依恋，也越能持久。

——(台湾)席慕蓉

“友谊和花香一样，还是淡一点的比较好，越淡的香气越使人依恋，也越能持久……”出自席慕蓉的《淡淡的花香》。另外她还在其中写到：“在我往前走的路上，为什么总是塞着一种淡淡的花香？有时恍惚，有时清晰，却总是那样久久不肯散去。”这些都是席慕蓉对于友谊的一些感悟和体验，通过“友谊”联系“花香”，显得清新而别有一番韵味。

真正的友谊是一件很自然的事情，是人与人之间一种自然的心灵契合，无需做作，无需刻意地去讨好去奉承与恭维。“与朋友交，久而敬之。”所谓“敬”，就是保持距离，也就是防止过分的亲昵。淡淡的朋友交往，无需探究双方过多的隐私和秘密，更不必时时介入对方的生活，因为每个人都有属于自己的秘密，每个人都需要有一个属于他自己的空间，那是一种内心所渴望的安全感。作为真正的贴心朋友，我们需要彼此留有空间，彼此互相理解和宽容。表达对朋友的关心和爱，其实很简单，只需轻轻地道一声问候，遥远地寄一份祝福，足矣。彼此心灵间早已感受到了无限的温暖和心满意足，这是一种自然散发的友谊花香，使人深深依恋，让人久久怀念。

（黄小群）

名话名人

席慕蓉，蒙古族人，台湾著名女诗人。13岁起在日记中写诗，14岁入台北师范艺术科，后又入台湾师范大学艺术系。1981年，台湾大地出版社出版了席慕蓉的第一本诗集《七里香》，后于一年之内再版4次。

名话故事

唐贞观年间，有一个人叫薛仁贵。他生活贫困，衣食无着落，全靠好友王茂生夫妇经常接济。后来，唐太宗李世民御驾东征，薛仁贵参军并立下大功，被封为“平辽王”。得官后，很多文武大臣前来送礼祝贺，可这都被薛仁贵婉言谢绝了。他唯一收下的是普通老百姓王茂生送来的“美酒两坛”。可当打开酒坛时，负责启封的执事官吓得面如土色，因为坛中装的不是美酒而是清水！“启禀王爷，此人如此大胆戏弄王爷，请王爷重重地惩罚他！”岂料薛仁贵听了，不但没有生气，而且命令执事官取来大碗，当众饮下3大碗王茂生送来的清水。在场的文武百官不解其意，薛仁贵喝完3大碗清水之后说：“我过去落难时，全靠王兄弟夫妇经常资助，没有他们就没有我今天的荣华富贵。如今我美酒不沾，厚礼不收，却偏偏要收下王兄弟送来的清水，因为我知道王兄弟贫寒，送清水也是王兄的一番美意，这就叫‘君子之交淡如水。’”此后，薛仁贵与王茂生一家关系甚密，“君子之交淡如水”的佳话也就流传了下来。

一个无言的起点，指向一个无言的结局，这便是友情。

——余秋雨

“一个无言的起点，指向一个无言的结局，这便是友情”出自余秋雨的散文集《霜冷长河》。文章用细腻的笔触描绘了钟子期和俞伯牙之间如高山流水般的友谊。一个亲切的眼神，一段优美的琴声，一幅淡雅的图画往往能渲染成一段真挚的友谊。而这段友谊往往随着时光的流逝，斯人不再而变得无言可说，唯有无尽的缅怀。

鲁迅曾经说过：人生得一知己足矣，斯世当以同怀视之。在人生的道路上，我们会走很多路，会遇到很多人，有缘的人便成为朋友，他们是我们人生宝贵的一部分，我们必须珍惜真正的友谊。在某种程度上，友谊和爱几乎是决定我们的人生幸福与否的最重要因素。

只有我们的素质提高了，获得的友谊才会更加高尚。当我们遇到真正朋友的时候，我们会发现其实朋友就像古希腊哲人说的那样，是一个灵魂同时在两个人身上，我们会从彼此身上学到很多东西。这样，即使当我们有一天不得不离开朋友的时候，朋友也会像“散落四处的点点温馨”一样在暗中祝福我们。当我们孤单地走在城市里的时候，我们也会想起他们，然后我们才会更加有勇气在漫漫的人生路上走下去。事实上，我们和朋友是连在一起，分不开的一个整体。我们生命的一部分是为朋友活着，朋友生命的一部分也为我们活着，至老不休。没有朋友，我们的生活将会变成一片荒漠。

（林美强）

余秋雨，1946年生，浙江余姚人。艺术理论家、中国文化史学者、散文作家。出版中外艺术史论专著和散文集多部。代表作有《文化苦旅》、《山居笔记》、《行者无疆》、《千年一叹》、《文明的碎片》和《借我一生》等。

管仲和鲍叔牙是春秋时期的一对好朋友，史称“管鲍之交”。他们在合资做生意，赚了钱之后，管仲先拿出其中的一部分钱来还自己欠下的债。到年末的时候，鲍叔牙分一半的红利给管仲，管仲欣然接受了。周围的人看不过眼就说：“老鲍呀老鲍，你吃大亏了。管仲他出钱少，平时开销大，还领这么多的钱，真的是人心不足蛇吞象。”鲍叔牙揉揉鼻子说：“管仲他家上有老，下有小，负担重，我家负担少。我做生意的原因就是为了帮助他。你们以后不要再说了。”

后来，暴虐的齐襄公被手下的将士杀死，齐国一片混乱，两人各择名主。管仲效忠公子小纠，鲍叔牙效忠公子小白。流亡在莒国的公子小白和寄居在鲁国的公子纠得到齐襄公被杀死的消息后，都觉得自己继成王位的机会来了，急忙打点行装，要回国争夺王位。管仲在途中射中小白的带钩，以为射死了小白，于是带着公子纠不徐不疾地往楚国行进。不料，鲍叔牙却和小白快马加鞭地往楚国奔去，早先一步当上了齐王。小

白当上了齐王后，决定杀死管仲，以报一箭之仇。但此时身为齐国臣子的鲍叔牙又为管仲求情，并且使他当上齐国的宰相。后来管仲成为一代贤相。管仲感慨地说：生我者父母也，知我者鲍叔牙也。

得不到友谊的人将是终身可怜的孤独者。没有友情的社会则只是一片繁华的沙漠。

——[英] 培 根

“得不到友谊的人将是终身可怜的孤独者。没有友情的社会则只是一片繁华的沙漠”出自培根的名篇《论友谊》。培根在《论友谊》中对朋友作了以下的论述：如果说，当一个人脱离了社会，甘愿遁入山林与野兽为侣，那么他是绝不可能成为神灵的……有些人之所以宁愿孤独，是因为在没有友谊和仁爱的人群中生活……得不到友谊的人将是终身可怜的孤独者。没有友情的社会则只是一片繁华的沙漠。

有人说，“你可以没有爱情，但是你绝不能没有友情；一旦没有了友情，生活就不会有悦耳的和音，就像死水一摊；友情无处不在，她伴随你左右，萦绕在你身边，和你共度一生”。一个没有朋友的人，这就意味着他将会失去与人倾诉的机会，将会失去与人分享快乐幸福的机会，失去与朋友间互助团结的那一份感动和乐趣，人生中也将失去很多有意义的体验。

同样，对于一个社会来说，如果社会中的人都缺乏朋友，没有友情，没有交往，没有一种互助团结的凝聚力，那么这个社会中的人都将是孤独的，散乱的，整个社会就会像一盘散沙，不会充满生机和欢乐。如果人与人之间都是自私孤立的，没有友情的滋润，社会中的人就不能够融洽地相处，这样的社会即使发展繁华，却冰冷干涸如沙漠。

所以，我们都要树立积极健康的友谊观，学会友好地与人相处，朋友间以诚相待，互助互爱，团结向上，那么我们将会远离孤独，拥有更多的温暖和快乐；社会也会变得更有人情味，处处都充满帮助和关爱，变成一个美好的人间天堂。

（黄小群）

培根（1561~1626），英国哲学家、英国唯物主义和近代实验科学的始祖。第一个提出“知识就是力量”的人，被尊称为哲学史和科学史上划时代的人物。主要著作有《论说随笔文集》、《论科学的价值和发展》、《新工具》等。

李白是诗仙，杜甫是诗圣，他们是很好的一对朋友。

李白和杜甫相识时，李白当时已经是诗名远扬的大诗人了，而杜甫还是一个默默无闻的人。但这两位诗人一见如故，惺惺相惜。后来，李白因为唐中央王朝对其参加永王起兵与肃宗争夺皇位的行动舆论纷纷，显得孤独而落魄，但是，杜甫对李白的认识和崇敬并没有随着朝中的舆

论而改变。在众人对李白避之不及的情况下，他写诗为李白抱不平、为其辩护、开脱。

他们都喜欢喝酒，经常举杯畅饮，携手同游，谈诗论文，议论时事，两人谈得非常投机。李白的诗歌造诣对杜甫的诗歌创作产生了一定的影响。郭沫若更称："李白和杜甫是像兄弟一样的好朋友。他们在中国文学史上的地位就跟天上的双子星座一样，永远并列着发出不灭的光辉。"

李白和杜甫两人都以其高贵的人格和真挚的友情，谱出了文学史上一段"文人相重"的千古佳话。

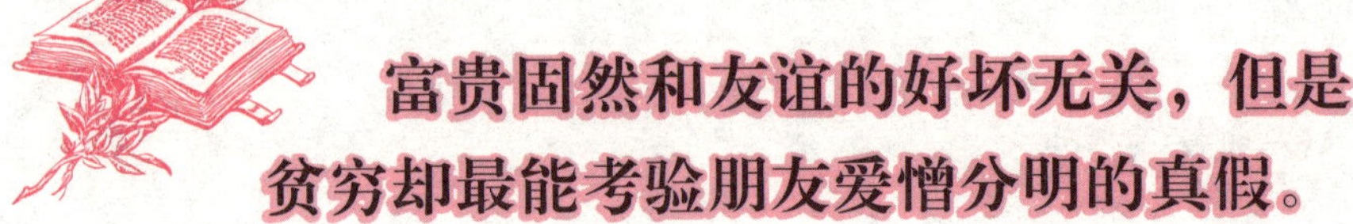

富贵固然和友谊的好坏无关，但是贫穷却最能考验朋友爱憎分明的真假。

——[英] 莎士比亚

"富贵固然和友谊的好坏无关，但是贫穷却最能考验朋友爱憎分明的真假"出自莎士比亚之口，这是他对友谊的看法。在他看来，一个人在穷困潦倒的时候，最能看出谁才是真正的朋友。一份真挚的友情，犹如一缕阳光，总能在我们孤独寂寞、忧愁失意的时候带给我们深深的温暖和慰藉，让我们重拾信心，直面生活。真正的友情，应该是"苟富贵，勿相忘"，应该是无私的互相依靠，还应该是精神和心灵的互相理解和支持。

无论是谁，在生活中都不能缺少友情，缺少友情的生活就像鱼儿没有了水的滋润，过得干巴巴。然而，当你的身份、地位提升之后，你还会记得昔日的好友吗？还会毫无顾忌地与他们谈笑风生吗？还会与他们秉烛夜谈吗？在富贵的时候，是最难觉察出真正友谊的。因为在你富贵的时候，许多人都会巴结奉承你，想借助你们的关系来获取自己的利益。而当你由富贵转为贫穷，真正的友谊便能清晰地分辨出来了。因为真正的友谊不会依靠互相的身份、地位，没有功利的色彩，只有感情的纯真色调。

（柯德铭）

名话名人

莎士比亚(1564~1616)，英国文艺复兴时期杰出的剧作家和诗人，被世人称为“英国戏剧之父”。代表作有四大悲剧《哈姆雷特》、《奥赛罗》《李尔王》、《麦克白》，喜剧《威尼斯商人》、《无事生非》等。每年4月23日是莎士比亚的辞世纪念日，1995年被联合国教科文组织定为“世界读书日”。

名话故事

在司马迁的《史记》中，曾记录了一个展现世态炎凉的故事。在汉文帝时，下邽人翟公担任廷尉一职，列位九卿，位高权重，每天都车马盈门，宾客如云，送礼的人络绎不绝，差点踏破门槛。但他不被重用后，立时宾客绝迹，整个庭院都变得极其冷清，几乎可以在门口设置罗网捕捉鸟雀。后来，当翟公被重新起用，官复原职时，宾客们又云集而来了。如此得失与贫富的变化，让翟公看透了世间趋炎附势的丑陋状况，于是在门前手书大字：“一死一生，乃知交情；一贫一富，乃知交态；一贵一贱，交情乃见。”

友谊总需要用忠诚去播种，用热情去灌溉，用原则去培养，用谅解去护理。

——[德] 马克思

名话赏析

在世界上，和我们一起生活的人，除了有血缘关系的亲人，更多的是没有血缘关系的人。有些人，即使没有血缘关系，他们也会像亲人一样关心你，爱护你，感动你，甚至无私地、真诚地为你付出而毫无怨言。这就是人类最美好的情感——友谊。我们应该珍惜它，呵护它。友谊并不是单方面的努力和付出，它需要双方的呵护。正如马克思所说，"友谊总需要用忠诚去播种，用热情去灌溉，用原则去培养，用谅解去护理"。

朋友之间的交往，首先要忠实，虚伪的人是危险的，是得不到真正友谊的；友谊需要我们全身心地投入，需要我们赋予生命的热情。在平时的交往中，我们既要坚持自己的原则，又要保持一颗善良的心去对待朋友。因为每个人总有犯错误的时候，我们何不抱着一颗谅解之心宽容一点？友谊就像一粒种子，只要我们诚心地去播种，适时适度地去灌溉，精心地培育、护理，勤恳地除草、施肥，种子必定会生根、发芽、茁壮成长。我们的友谊之树必定会繁花似锦，硕果累累。

（邹素宁）

名话名人

马克思(1818~1883),出生于德国特利尔城。他是马克思主义的创始人,世界无产阶级的伟大导师和领袖。曾与恩格斯受委托共同起草《共产党宣言》。

名话故事

那是发生在越南的一个孤儿院里的故事,由于飞机的狂轰滥炸,一颗炸弹被扔进了这个孤儿院,几个孩子和一位工作人员被炸死了。还有几个孩子受了伤。其中有一个小女孩流了许多血,伤得很重!

幸运的是,不久后一个医疗小组来到了这里,小组只有两个人,一个女医生,一个女护士。

女医生很快地便对小女孩进行了急救。但在那个小女孩那里出了一点问题,因为小女孩流了很多血,需要输血,而她们带来的不多的医疗用品中没有可供使用的血浆。于是,医生决定就地取材,她给在场的所有的人验了血,终于发现有几个孩子的血型和这个小女孩是一样的。可是,问题又出现了,因为那个医生和护士都只会说一点点的越南语和英语,而在场的孤儿院的工作人员和孩子们只听得懂越南语。

于是,女医生尽量用自己会的越南语加上一大堆的手势告诉那几个孩子,"你们的朋友伤得很重,她需要血,需要你们给她输血!"终于,孩子们点了点头,他们好像听懂了,但眼里却藏着一丝恐惧!

孩子们没有人吭声,没有人举手表示自己愿意献血!女医生没有料到会是这样的结局!她一下子愣住了,为什么他们不肯献血来救自己的朋友呢?难道刚才对他们说的话他们没有听懂吗?

忽然,一只小手慢慢地举了起来,但是刚刚举到一半却又放下了,好一会儿又举了起来,再也没有放下!

医生很高兴，马上把那个小男孩带到临时的手术室，让他躺在床上。小男孩僵硬地躺在床上，看着针管慢慢的插入自己细小的胳膊，看着自己的血液一点点地被抽走！眼泪不知不觉地就顺着脸颊流了下来。医生紧张地问是不是针管弄疼他了，他摇了摇头。但是眼泪还是没有止住。医生开始有一点慌了，因为她总觉得有什么地方肯定弄错了，但是到底错在哪里呢？针管是不可能弄伤这个孩子的呀！

关键时候，一个越南的护士赶到了这个孤儿院。女医生把情况告诉了越南护士。越南护士忙低下身子，和床上的孩子交谈了一下，不久后，孩子竟然破涕为笑。

原来，那些孩子都误解了女医生的话，以为她要抽光一个人的血去救那个小女孩。一想到不久以后就要死了，所以小男孩才哭了出来！医生终于明白为什么刚才没有人自愿出来献血了！但是她又有一件事不明白了，“既然认为献过血之后就要死了，为什么他还自愿出来献血呢？”医生问越南护士。

于是越南护士用越南语问了一下小男孩，小男孩回答的很快也很简单，只有几个字，但却感动了在场所有的人。

他说：“因为她是我最好的朋友！”

和你一同笑过的人，你可能把他忘掉；但是一同和你哭过的人，你却永远不忘。

——[黎巴嫩] 纪伯伦

人生就像一次旅行，在旅行途中，我们总会遇到许许多多的人。这些人，也许是你的父母师长，也许是你的兄弟姐妹，也许是你的伙伴同学等。他们在生活中给你带来亲情的温暖，友情的快乐。

微笑是人间最美的花朵，让人心旷神怡；又如冬日里的阳光，给人暖意。而泪水，不是懦弱的表现，而是真情的流露，感情的宣泄。我们都愿意把微笑带给别人，却不愿意把泪水留给别人。你不愿意在长辈面前流眼泪也许是为了证明你的成长，你不愿意在同龄人面前流泪也许是为了逞强。那么，在你所有的朋友当中，一个你愿意在他面前流泪的人，想必是你最信任的人。所以，真正的友情并不是用欢笑的多少来衡量的。正所谓，朋友是你可以穿着一件随便的衣服站在你面前的人，是可以陪你度过痛苦忧伤的人。朋友也是人生的一笔财富。珍惜心中的朋友，让我们携手走过青春的岁月，一起装点人生的美丽季节。

（陈　雍）

名话名人

纪伯伦(1883~1931)，黎巴嫩文坛著名人物，享有“艺术天才”、“黎巴嫩文坛骄子”等美誉。他的作品多以对社会丑恶现实的痛恨与深思为主题，先后发表了《叛逆的灵魂》、《被折断的翅膀》和散文诗《先知》等。

名话故事

古时候有一个人叫赵洞门，在他出任御史大夫时，门前车马来往不绝，前来拜访他的人多得不可胜数，几乎在路上排起队来了。但是，等到他被免职，却又是另外一番景象了。他被迫离开京城回老家的时候，前来送行的人只有三五个。过了不久，他又被朝廷召回起用，以前离开的那批人又像当初那样前来拜访了。在这一切中，独有一个朋友吴菌次没有因富贵失势改变对赵洞门的态度。每次他在赵洞门家里做客之后，赵洞门常常目送他出门，回头跟儿子友沂说：“将来我去世后，最终要依赖这个人来办事。”没多久，友沂因为意外过早地去世了，赵洞门悲痛过度，死于外地客寓，留下两个孙子无依无靠，吴菌次一边哀悼，帮助办理后事；一边扶助他们，后来又把自己的爱女嫁给其中一人。

赵洞门人生得意的时候，前来共欢的人已经为人所忘记，而人们赞叹的是赵洞门能交到吴菌次这个朋友。吴菌次就是一个不以富贵失势改变态度的人，他对赵洞门的友谊始终如一，与他共度患难。朋友就是这样，一同和你哭过的人，往往难以忘怀。

Part Five

爱情篇·藏在心里的秘密

岁月在慢慢流逝，多年前的一场相遇，你我在擦身的刹那回头一瞥，却压抑了心底深处那份青春的躁动。那里有甜甜的回忆，也有淡淡的遗憾，如同涓涓细溪在心底慢慢地流淌……

多年后，当再次回忆起那一年的相遇，你是否还能清晰记住那一份封藏在心底的印记？

春蚕到死丝方尽，蜡炬成灰泪始干。

——(唐) 李商隐

“春蚕到死丝方尽，蜡炬成灰泪始干”出自李商隐的《无题·相见时难别亦难》。在“春蚕到死丝方尽，蜡炬成灰泪始干”中，“丝”实与“思”谐音，暗指相思；“泪”是写蜡烛燃烧时流溢的蜡泪，却也是指人因相思愁苦而怆然落下的泪。其句意为：相思到了生命终止才会断绝。它表达的是一种对爱情的坚贞不渝之情。

爱情之于我们，想必是一件异常奇妙的东西。亲情，是一种缘于血肉之躯的根脉之爱，而两个相爱的人，却是不凭骨肉之情相依为命。从先秦的“窈窕淑女，君子好逑”到后世的“与其在悬崖上展览千年，不如在爱人的肩头痛哭一晚”，年年月月，历史依旧，人情依然，来这世间走一趟，寻一个相知相爱相惜的人厮守到老，人生才觉甜美。

然而，爱人易求，深情难守。人生的道路风云不定，爱情有时美丽却脆弱。两个人的心是两座桥墩，有一座松动了，那桥梁便摇摇欲坠。爱情的世界里，有人引吭“山无陵，天地合，乃敢与君绝”，却也有人低怨“女也不爽，士贰其行”；当有人为你半夜长吟“春蚕到死丝方尽，蜡炬成灰泪始干”时，又何以不感动呢？现代人多洒脱高歌“不在乎天长地久，只在乎曾经拥有”，可每每这时，会不会有人想起牛郎织女的七夕之约呢？——即使被分隔千里之外，也不曾相忘相弃。

张小娴说："守候的本身便是爱情。"苍茫人世，与另一个人相遇已属幸事，更难得相爱相知，何以不好好守护和珍惜呢？爱，是要靠两颗柔情的心去培养，才会开出更硕美的花朵。当有一天夜深迟归，发现有个人依然彻夜撑灯于窗前等候，我们都会感到无比温暖和温馨。

（李育梅）

名话名人

李商隐（813~858），唐朝著名诗人，祖籍怀州河内（今河南沁阳）。其诗与杜牧齐名，世称"小李杜"，又与温庭筠并称"温李"。多为忧国讽时、感慨身世之作。他的无题诗意境朦胧，为人激赏。

名话故事

李商隐十五六岁的时候，被家人送往玉阳山学道。

在玉阳山上，他住在"山连云圃近，水接绛河遥"的"琼瑶宫"里。"琼瑶宫"附近有一座灵都观，观内住着唐朝当时的一些公主和随从宫女。在那里。李商隐认识了其中一位精于音律的宫女——宋华阳，并与之相恋。

但由于封建礼教的束缚，他们的恋情并不能为外人所知，平时只能偷偷地相会，机会非常难得。李商隐按捺不住心中奔腾不息的爱情狂澜和相思之苦，于是常常借诗寓情。

然而，纸终究是包不住火的。他们之间的秘密最终还是泄漏了，宫女宋华阳被迫离开了玉阳山。李商隐为此痛苦不堪，但也无可奈何。

虽然，那一份恋情最终结不出硕美的果实，但那段恋爱生活却深深地影响了李商隐的创作风格。后世广泛传咏的他的一些无题诗，几乎都是那时期写就的。"春蚕到死丝方尽，蜡炬成灰泪始干"这一千古名句则是他对那份爱情坚贞不渝的见证。

十年生死两茫茫，不思量，自难忘。千里孤坟，无处话凄凉。纵使相逢应不识，尘满面，鬓如霜。夜来幽梦忽还乡，小轩窗，正梳妆。相顾无言，唯有泪千行。料得年年肠断处，明月夜，短松冈。

——（北宋）苏　轼

“十年生死两茫茫，不思量……”出自苏词《江城子·乙卯正月二十日记梦》，它真情地表达了对亡妻王弗的深切思念。当时苏轼被贬到山东密州，年已 40 岁，妻子王弗的坟墓在四川眉山。在妻亡 10 年的时候，梦见妻子，思念之情混杂人世沧桑感，于是写下这篇凄楚哀婉的悼念词。

爱情是一个悠久而永恒的话题，古往今来演绎过无数忠贞的爱情故事。忠贞的爱情来自心与心的交流与碰撞，用理解与时间来验证。时光可以流逝、世事可以沧桑，但那份忠贞的爱永远不会改变，长久地敲击着人们的心灵。

进入 21 世纪的今天，自由爱情已深入人心，有情人不必像古人那样为冲破封建笼牢而牺牲；信息交通的高度发达，缩短了两人的距离、减轻了相思之苦，但因此有人不满足于平淡无奇的爱情，转而梦想着“青蛙王子”、“灰姑娘”这样童话般的爱情故事，或是梁祝、朱欧式轰轰烈烈的爱情。其实爱情并非廉价物，人人得以弃之；爱情亦非奢侈品，人人望而叹之。归根到底，爱情不外乎是一种惺惺相惜的情感，如露水般融进于平凡生活的举手投足间，悄无声息地滋润着人们的心田。爱情的真谛，是超越时空的永恒，是用心去珍惜对方。

（黄莉梅）

苏轼（1037~1101），字子瞻，号东坡居士，唐宋八大家之一，与父苏洵、弟苏辙合称“三苏”。苏轼的词、赋、诗、散文等成就极高，甚至书法和绘画造诣也很高，是中国数千年历史上罕见的全才。作为北宋中期的文坛领袖，他对诗、词、文的发展做出了杰出的贡献，尤其是提高了词的地位，使得宋词能与唐诗相媲美。

苏轼 18 岁时娶了 15 岁的王弗。王弗是一个知书达理、平实精明、贤妻良母式的好妻子。在生活上，她能够给苏轼无微不至的关爱；在兴趣爱好上，她可以陪伴苏轼读书作诗，偶尔提醒苏轼遗忘错漏的地方；在事业上，她更是给予了苏轼莫大的帮助。

苏轼当官之后家里常有客人来访。有一天，一位客人走后，她对丈夫说：“这个人，他只是留心听你要说什么，说好话迎合你。你跟他讲那么多有什么用呢？”又有一次，“有来求与轼亲厚甚者”，王弗待客人走后，立即对丈夫劝诫说：“这个人恐怕很快就有灾祸，他跟人相处时太过尖锐，你要尽快离这人远点！”果然，不久那人因叛变而被抄家。苏轼则因

王弗的劝说而幸免于难。

不幸的是，王弗27岁因病而逝。王弗病逝后，苏轼将她送回家乡安葬，还在坟墓周围的山坡上种植松树，以表达自己对妻子的刻骨思念。

王弗去世后，苏轼一直不能忘怀，妻子音容笑貌常常出现在脑海。在王弗死后10周年的时候，苏轼正是被贬山东密州的孤寂失意的日子，在梦中又依稀见到了久别的妻子，于是写下了抒情婉转缠绵，催人泪下的悼念词，以寄托自己的悲痛情思。

那一天，闭目在经殿香雾中，蓦然听见你颂经中的真言；那一月，我摇动所有的转经筒，不为超度，只为触摸你的指尖；那一年，磕长头匍匐在山路，不为觐见，只为贴着你的温暖；那一世，转山转水转佛塔啊，不为修来生，只为途中与你相见。

——(清) 仓央嘉措

“那一天，闭目在经殿香雾中……”出自于六世达赖仓央嘉措的情诗

《那一天》。《那一天》被誉为西藏最缠绵的情歌。情歌凸显着人间情爱的珍贵美好，对爱情的强烈追求。作为六世达赖喇嘛，对于爱情，他比常人有着更多的体验和痛楚。

情，历来都是让人心中千回百转，欲说还休。有浓情蜜意的爱情，有淡如清水的爱情，有山盟海誓的爱情，有无微无至的爱情，有不着痕迹的爱情，有刻骨铭心的爱情，有魂牵梦萦的爱情，有相敬如宾的爱情，还有气壮山河的爱情。

但是，现实中的爱情并非全都美好。“誓言是用来背弃的，承诺只能证明没把握”。当越来越多的人恋上“在寂寞时候才相爱”、“天亮就分手”、“不在乎天长地久，只要曾经拥有”的爱情时，我们更应该静下心来，好好读读仓央嘉措的这首词，感受那些纯真朴质的真正爱情。

在追求任何美好东西的过程中，都不会一帆风顺，更何况是爱情。不要轻易牵手，更不要轻易放手。我们要有仓央嘉措那种对爱情执著的追求，奋勇向前，为爱“转经筒”、“磕长头”、“转山转水转佛塔”，留下一个个美丽的传说。

仓央嘉措的六世达赖身份，注定了要与爱情错过。而我们都只是平凡的人，爱情把握在我们自己手中，所以，不要辜负上天对我们的眷顾，不要亵渎爱，要好好经营一场属于自己的爱情。

（廖白玉）

仓央嘉措（1683~1706），原名洛桑仁钦仓央嘉措，为第六世达赖喇嘛，从小资质灵敏，曾拜五世班禅为师，落发受戒，取法名为罗桑仁青仓央嘉措。10年后因西藏政教斗争殃及，被清廷废黜，押送北上，道经青海时中夜循去，不知所终。虽然他贵为六世达赖，但在世人的眼中，他更是情圣，更是诗人。这位情歌大师一生不拘于宗教的清规戒律，写了数百首缠绵的“情歌”。

仓央嘉措是一个喜好游乐，逍遥不羁的僧人，他向往俗世的热闹，向往爱情。仓央嘉措做达赖喇嘛的时候，曾在布达拉宫后园的湖中小岛上修建了一座名叫龙王潭的楼阁。那是一间十分精美的楼阁，仓央嘉措和拉萨男女青年经常在此一起唱歌跳舞，饮酒狂欢。仓央嘉措日常喜欢编写一些情歌让大家演唱，这些情歌很受人们的喜爱，很快成为西藏经典歌曲。在龙王潭，仓央嘉措结识了一个名叫达娃卓玛的姑娘，达娃卓玛天生美丽，嗓音甜美，特受人喜爱。仓央嘉措和她经过多次交往，渐渐喜欢上了她，白天他们在一起歌舞游玩，夜里常常幽会。不过，后来达娃卓玛好些天没有再出现，仓央嘉措十分担心，亲自到她住处探访，只见门上挂着一把大锁，跟邻居们打听，才知道达娃卓玛被她的父母带走好多天了。从此，仓洋嘉措再也没有见过达娃卓玛，达娃卓玛只能成为他的梦中情人。

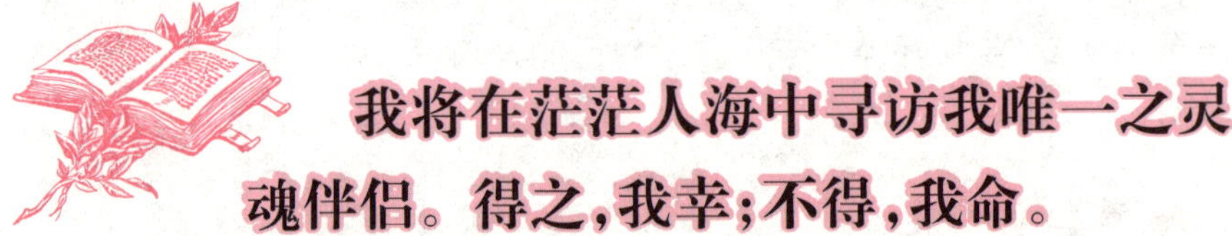

——徐志摩

“我将在茫茫人海中寻访我唯一之灵魂伴侣。得之，我幸；不得，我命”出自徐志摩在 1922 年秋天发表的一篇《徐志摩离婚通告》，诗句体现

出他努力寻求自由爱情的决心，同时也带有几分宿命感。

中国历来都有“前世姻缘”的说法。传说，寻找今世的知心伴侣就是为了偿还前世欠下的情债。然而，茫茫人海何处寻求？佛感动于执著的人们，于是将一条名叫“缘分”的红绳投入人间，使得人们“有缘千里来相会，无缘对面不相逢”。

那么，谁是前世恩人、今生伴侣呢？寻到了又能否结合呢？这中间带有数不尽的不确定因素。林黛玉用毕生的眼泪偿还了贾宝玉前世的甘露灌溉之德，无奈遇上封建礼教的束缚，只能流尽泪水含恨而终。爱情既然求之不得，又何必强求呢？懂得放手，未必就不是爱的一种表达方式。从这个角度看，徐志摩的这种爱情观蕴含着更多的是对自由爱情的执著和豁达。

人是否有前世今生？你现在所爱的人是否就是你命中注定的伴侣？一切都无法定断，但只要你真心爱过、彼此间有心灵的沟通，活得快乐就足够了。如果因种种原因不得不分手的话，也不要太在意，更没必要为之痛不欲生。爱一个人不就是希望对方开心吗？努力爱过了，也便无悔了。

（黄莉梅）

徐志摩（1897~1931），原名徐章垿，一生中创作过许多家喻户晓的名作，其中《再别康桥》成了现代诗歌的主要代表作，另外还有诗集《志摩的诗》、《翡冷翠的一夜》、《云游》等。他的抒情诗具有相当高的艺术造诣，对中国诗歌的发展产生了重要的影响。

1920年，24岁的徐志摩来到英国留学。在英国，徐志摩认识了林长民及其女儿林徽因。林徽因当时16岁，长得极其俊秀可爱，而且她博览群书，思维活跃，识见明澈清新。冬天，徐志摩常常与她坐在壁炉前天南

海北地畅谈；春天则结伴到剑桥漫步。随着交往时间的推移，徐志摩深深地爱上了林徽因，他感觉自己找到了一个内外俱美的灵魂伴侣。

但是6年前，徐志摩就由家庭包办与张幼仪结婚了。徐志摩为了追求自由的爱情，在1922年回国与张幼仪离婚，并发表了一篇《徐志摩离婚通告》，霎时间引起一场轩然大波，这是中国近代史上头一宗西式离婚事件，对长达几千年的封建婚姻制度形成了强劲的冲击。徐志摩当时曾写下这样一段文字："我将在茫茫人海中寻访我唯一之灵魂伴侣。得之，我幸；不得，我命。"

然而，由于林徽因当时年纪较小，又受到传统道德观念的影响，她与徐志摩的感情并没有发展下去。最后林徽因嫁给了梁思成，徐志摩也另立了家室，最终他们不能成为终身伴侣。

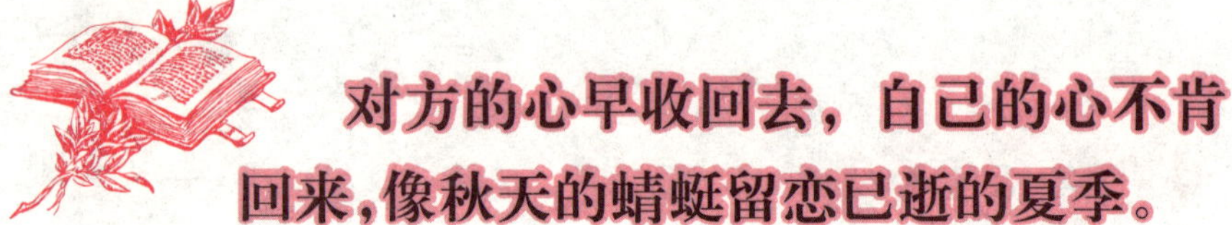

对方的心早收回去，自己的心不肯回来，像秋天的蜻蜓留恋已逝的夏季。

——（香港）李碧华

"对方的心早收回去，自己的心不肯回来，像秋天的蜻蜓留恋已逝的夏季"语出李碧华的长短句集子《只是蝴蝶不愿意》。李碧华认为，对于爱情，并不是每一份真心的付出都会得到收获。爱情应是两颗心的呼应，而不是一颗心的眺望。

人世间，最无奈的爱情不外乎两种：一种是你爱他，他却不爱你；另一种是他爱你，你却不爱他。爱情最后的结局也不外乎两种：或相依相守，或相忘于江湖。对方的爱已经像已逝的夏天一去不返，纵然万般留恋也只是枉然，如果不愿相忘于江湖，那就轻轻地对心爱的人说一声，我爱你。要是不能彼此相爱，不必忘记，且将一切都交给回忆，交给未来，总有一天会有属于你的春暖花开。

真心的付出，总是有回报的，即使对方不肯给你回报，但在一段单方面的爱情中，你也会长大，你也会成熟，也会懂得什么是真正的爱情。当然，在付出一颗心的同时，也请用双倍的心来爱你自己。爱情这种奇妙的精神产物，它永远是与快乐、幸福联系在一起的，不要误入爱情的歧途，也不要掉入爱情的陷阱，如果爱情离你远去，请做一只路过的蜻蜓，留下怀念过程，留下所有的美好，丢掉所有的伤悲。

（肖　芙）

名话名人

李碧华，1959年生。香港文坛大名鼎鼎的才女。代表作品有《霸王别姬》、《青蛇》、《胭脂扣》、《秦俑》等，多数作品被搬上银幕拍成电影，专栏及小说在东南亚各国及地区的报刊登载，并结集出版逾70本，多国译本已印行。

名话故事

台湾作家三毛与荷西的故事浪漫而缠绵悱恻，尽管两人都已逝去，但他们仍是无数少男少女心目中的爱情偶像。三毛和荷西相识在西班牙，当时三毛念大学二年级，两人常常一起看电影、逛公园。一天，荷西对三毛说："你要等我6年，我有4年大学要读，加两年兵役要服，6年一过，我就娶你。"后来两人分手了。按照承诺，以后的6年中他们没有任何联系，在这期间三毛去了德国、美国。6年后命运再度将三毛带回马德里。这天，有位朋友打电话给三毛："快来，搭计程车过来。"不知发生了什么事的三毛匆匆赶到朋友家。朋友神秘地让她把眼睛闭上，三毛只觉得一双温柔的手臂把她整个儿抱了起来，张开眼一看，她大吃一惊，竟是她当年的小朋友——荷西。两人热烈亲吻、拥抱后，荷西把三毛带到自己的屋内，满屋子三毛的巨幅照片再一次让三毛惊呆了。6年来，荷西一直惦恋着她。三毛感动至极，对自己说："这一生我还要谁呢？"后来，他们结婚了。然而不幸的是，在一次意外事件中，荷西过早地离三毛而去。痛不欲生的三毛几次试图自杀，终因亲情难舍而止步。然而，数年后三毛还是自缢于医院，不能不说与此有着密切的关系。当爱情只剩下一个人时，不如相忘于江湖，不必留恋已逝的夏天，夏天已经美好过，那就足够了。

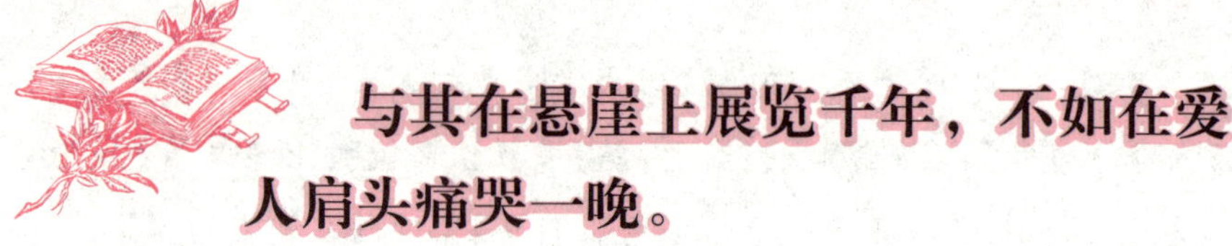

与其在悬崖上展览千年，不如在爱人肩头痛哭一晚。

——舒　婷

"与其在悬崖上展览千年，不如在爱人肩头痛哭一晚"出自舒婷的诗歌《神女峰》。《神女峰》是对传统女性爱情观念的批判。"与其在悬崖上展览千年"，让虚无的象征旧社会贞节观念的雕像压制个人情感，还"不如在爱人肩头痛哭一晚"更真实、更实在，我们需要精神的慰藉，这是人性最基本的需求。作者对于这种爱情弊端，没有通过长篇大论来论述和批判，而是通过朗朗上口的诗歌，让人们在感受诗歌美的同时引发对爱情观念的思考，呼唤新时期的女性勇敢地追求真爱，追求自己的幸福。

爱情，从来都是千古话题。不同年代里人们的爱情观念自然不一样。在旧社会里，"贞女节妇"的观念紧紧禁锢了女子的爱情，女子不敢冲破这种禁锢，没有追求自己爱情幸福的自由，只能把爱情烂在心里，只能"在悬崖上展览千年"，从来都不敢"在爱人肩头痛哭一晚"。

新时代的我们，应该挣脱社会上种种世俗观念的束缚，追求美好纯洁的爱情。不要因为世俗观念的束缚而让自己的幸福作为悲哀的陪葬品，我们要真正地为自己而活着，适当地释放自己的情感，为爱而哭、为爱而笑，把握自己的幸福。只是，我们的爱情要在理智中成长，在适合的年龄做适合的事情。作为新时代的学生，当以学业为重，树立人生的目标并为之孜孜不倦地努力，健康快乐地成长。

（陈　雍）

名话名人

舒婷，1952 年生，原名龚佩瑜，生于福建厦门。曾经下乡插队，后来返城当工人。1979 年，她开始发表诗歌作品，一年后到福建文联工作。她成名于 70 年代末的中国诗坛，是朦胧诗派的代表作家之一，与北岛、顾城齐名，并称中国三大朦胧诗人。主要著作有诗集《双桅船》、《会唱歌的鸢尾花》、《始祖鸟》，散文集《心烟》等。

名话故事

神女峰是屹立在江边悬崖上的一座小山峰，有着美丽而忧伤的传说。古往今来，关于神女峰的爱情故事有不同的说法，所以神女峰实际上凝结了许多内涵不同的爱情故事，而这首诗主要取意于宋玉的《高唐赋》和《神女峰》。

这两首赋写了楚怀王梦中亲幸了巫山神女，发生了轰轰烈烈的爱情。巫山神女出于对爱情的忠贞，树立了永远忠贞于楚怀王的志节。好景不长，楚怀王死后，他的儿子楚襄王和宋玉游巫山，一度遇到了神女。这时候，神女对宋玉一见钟情，萌生了爱意，可是楚襄王也对神女一见钟情，萌生了爱情，苦苦地追求神女。神女就这样处于爱情的尴尬位置，一面又忠贞的志节在身，痛不欲生。最终，神女用理性战胜了情欲，毅然地表示要永远忠于楚怀王，不再与别人有爱情牵连。沿着神女情感的发展，民间流传有多种故事。传说中，神女对楚怀王苦苦思念，日夜站在巫山上凝望着，思念着，长年累月地就化为石柱，成了人们万世景仰的偶像。这石柱外形上也和神女的体型有很多的相似。于是，神女峰便成了不嫁二男、忠贞爱情的文化标本。

我要你知道，在这个世界上，总有一个人是等着你的，不管在什么时候，不管在什么地方，反正你知道，总有这么一个人。

——张爱玲

“我要你知道，在这个世界上……”源于著名女作家张爱玲的小说

《半生缘》。在小说男女主人公悲剧的爱情前面，这样的话语看来平淡，然而却可以让两颗冷却的心再度温热、感动，让人相信：爱，即使是千疮百孔，也是值得的。“我要你知道，在这个世界上总有一个人是等着你的”，这是对爱情的坚守不悔；“不管在什么时候，什么地方，反正你知道，总有这么一个人”，下半句是对上半句的补充，进一步刻画了守候人矢志不移的心。对于守候的人来说，她的爱情，不管来得多晚，她都愿意等待，即使用尽一生亦无悔。

人生其实很在乎一份坚持与执著。爱情便是这样。真正爱一个人，不管等待多久，对等待者来说，都是无怨无悔的。因为他们相信爱情，理解真正的爱情，不一定要得到对方，只要让所爱的人知道自己的决心、情意，也是一种幸福。无私而真诚的爱情，它可以毫不犹豫地舍弃一切，荣华富贵不过是浮名虚利，远抵不上恋人温柔的回眸；真正的爱情不会计较太多，再艰难的路也要风雨同舟、相濡以沫。哪怕是在悬崖上作千年的等待，也无怨无悔。也许就在你坚持的时候，执著之中，苍天为之感动，奇迹因此而来。

爱情，它也惧怕坚持执著，所以山不能无陵，地也不会与天合；所以梁山伯与祝英台才能化蝶永生于爱情的传奇中；所以杜丽娘（《牡丹亭》的女主人公）才能最终冲破封建礼教的樊笼结得令后人传颂的牡丹良缘。其实，又何止是爱情？世上有多少事物能敌得过一份执著？学习如此，韦编三绝令人感慨；生活如此，水滴石穿给人感动；国事如此，中国的入世申请、百年奥运从愿望到成功举办使人尊敬。这一切，皆因这个世界真的很在乎那一份执著。

在长长的一生中，如果你真的爱一个人，就不要过于拘泥眼前的得与失，要知道很多时候守护爱的天使恰恰就是真诚和执著。只要你坚持了，执著了，世界也会为你感动。要相信，乌云是挡不住阳光的，冰雪最终也要为春风的柔情所融化。

（柯小莺）

名话名人

张爱玲(1920~1995),原名张瑛,笔名梁京,祖籍河北丰润,生于上海。1952年赴港,1966年定居美国。20世纪40年代上海著名女作家。主要作品有《倾城之恋》、《金锁记》、《红玫瑰与白玫瑰》、《十八春》,以及自传体小说《小团圆》等。

名话故事

张茂渊是张爱玲的姑姑,是一个秉性清高充满智慧的女子。知道张爱玲的人可能知道张茂渊,可是又有多少人知道发生在她身上的那一段旷世绝恋呢?

1925年,张茂渊到英国留学,这一年,她才25岁。在开往英国的轮船上,她邂逅了当时的青年才俊李开弟,两人一见钟情。本来,男才女貌,彼此又情投意合,爱情的结局应该是很圆满的。岂料,当接受过进步思想、具有爱国情怀的李开弟得知张茂渊与李鸿章的祖孙关系时,因为鄙视李鸿章的行径,也对本来心仪的姑娘产生了隔阂,从而毅然斩断了这一缕情思。

后来,李开弟婚娶,张茂渊却不肯嫁。"曾经沧海难为水,除却巫山不是云。"在张茂渊心中,李开弟是唯一的。不管爱情之路有多坎坷,张茂渊就是不放弃。她默默地用自己一生的青春岁月去等待爱恋花开,孑然一身坚守他们之间的爱情,这一守就是50多年的光阴。直到李开弟的妻子逝世,张李二人之间的苦恋才算结束。在78岁这一年,张茂渊终于如愿成为李开弟的新娘。

对这种苦苦守候的爱情,看的人不免欷歔,可是在张茂渊心里一定是幸福的,绝不后悔的。她用自己的执著赢了时间,也赢得了爱情。

于千万人之中遇见你要遇见的人，于千万年之中，时间的无涯的荒野里，没有早一步，也没有晚一步，刚巧赶上了，那也没有别的话可说，唯有轻轻地问一声：“噢，你也在这里吗？”

——张爱玲

“于千万人之中遇见你要遇见的人，于千万年之中……”出自张爱玲的《爱》，意思是说一种逢缘自适的心境，也是一个带着遗憾的美丽相遇。没有华丽的言辞，没有过分的修饰，只是在无涯时间和千万人群的交集中轻轻地说一句：“噢，你也在这里吗”，便道出了人生最美丽的相遇。如此平淡的一句话，带着一份淡淡的温情，却能穿越尘世的喧嚣，清脆悦耳地敲击我们的灵魂。

在对的时间里幸运地遇见了生命中你要遇见的人，这并不是一件容易的事。在千千万万个人之中，在时间无涯的荒野里即使你遇上了，可能也只是轻轻地说一句：“噢，原来你也在这里”，然后擦肩而过。缘分就是一种如此巧妙的东西，它带来了很多我们所期盼和祈求的幸福，也造

就了生命中的很多遗憾和不圆满。悲欢离合、得失交替，就这样组成了人生这一幅多样的拼图。

生命中有很多的东西我们无法预知，也有许多的缺失和苍白，我们应学会用心去补偿生命以美丽的色彩。遇上了，得到了，我们好好去珍惜和把握；遇上了，失去了，我们也不必耿耿于怀。生活不会因为我们的遗憾而有所停留。在前进的道路上，生活或许让我们失去了一些东西，但它一定会回报以我们更珍贵的东西。

如果你也曾有过那么美丽的相遇，那么，不要再为那一刻的擦肩而过而叹息，因为最美丽的那一刻，已被时光以最完美的姿势铭记住。而我们的生命，也正因为拥有这些遗憾而显得富有色彩。

（何海英）

详见前文第 136 页。

“这是真的。”张爱玲在讲《爱》的故事时一再强调。

在一个村庄里，有一户小康之家的女孩子，由于她生得美，有许多人来做媒，但都没有说成。那年她不过十五六岁吧，在一个春天的晚上，她立在后门口，手扶着桃树。她记得她穿的是一件月白的衫子。对门住的年轻人同她见过面，可是从来没有打过招呼的，他走了过来。离得不远，站定了，轻轻地说了一声：“噢，你也在这里吗？”她没有说什么，他也没再说什么，站了一会，各自走开了。

就这样就完了。

后来这女子被亲眷拐卖到他乡外县去作妾，又几次三番地被转卖，经过无数的惊险的风波，老了的时候她还记得那个晚上的事，常常说起，在那年春天的晚上，在后门口的桃树下，那个年轻人。

于千万人之中遇见的人，于千万年之中，时间的无涯的荒野里，没有早一步，也没有晚一步，刚巧赶上了，那也没有别的话说，唯有轻轻地问一声："噢，你也在这里吗？"

如果无法让对方快乐，爱得多么深也是没有用的。

——（香港）张小娴

"如果无法让对方快乐，爱得多么深也是没有用的"出自张小娴散文《走不到终点站的列车》，她意在告诉我们：无法让对方快乐的爱其实是没有意义的。

有人说，爱有多深，恨就有多深。其实，真正的爱和真正的恨是不相容的。如果你爱他，那就别欺骗自己去怨恨，当怨恨让他不快乐的时候，你也一定会不开心；如果你恨他，你看着他被你的怨恨折磨的时候会开心，那你干脆别说自己有多爱他，其实，你爱自己更多一点。

恋人是两只刺猬，把刺拔了，才可以相互依偎着取暖。留着刺，越努力去拥抱，就会把彼此刺得越疼痛。如果真的互相需要、互相懂得、互相疼惜、互相离不开，那就先别高喊着爱得多么深，好好想想为什么无法让

对方快乐，怎样才可以让对方快乐，并好好地努力。要不，其他一切都是毫无意义的。

可是，如果把刺拔了依偎着，却仍然不能让彼此暖和，那倒不如放手，一定会有人可以让他快乐的。如果你真的爱他的话，那你应该让他快乐，不管他是和谁在一起。爱情的真谛，不是让自己去得到快乐，而是要让对方享受生活的快乐。

（李育梅）

张小娴，祖籍广东开平人。曾在香港电台担任编剧，现为香港皇冠出版社签约作家，是香港著名的畅销言情小说家，亦被称为都市爱情小说的掌门人。代表作有《三个 A Cup 的女人》、《荷包里的单人床》、《不如，你送我一场春雨》等。

被胡适誉为“中国一代才女”的林徽因一生魅力四射，她与著名诗人徐志摩的感情一直为人津津乐道，而她与丈夫梁思成、学术泰斗金岳霖三人之间的关系更是令人感慨。

梁思成曾在回忆中透露：

1931 年，他出外考察回来便遇上了林徽因沮丧地跟他说：“我苦恼极了，因为我同时爱上了两个人，不知怎么办才好。”梁思成当时听了非常痛苦，但细想了一夜后，他平静地跟林徽因说：“你是自由的，如果你选择了老金，我祝愿你们永远幸福。”

后来林徽因将那句话转述给了金岳霖，金岳霖当时便回答道：“看来思成是真正爱你的，我不能去伤害一个真正爱你的人。我应该退出。”

但金岳霖终身未娶，并与梁林夫妻毗邻而居，一生为友。常常帮助照顾他们；有时他们夫妻吵架，都是他从中调和；对于他们的儿女，他也视如己出，十分疼爱。

林徽因去世多年之后的一天，金岳霖突然约了好些老朋友吃饭。席间，他告诉朋友们，今天是林徽因生日。所有在座的朋友闻之都不禁潸然泪下。

别因为寂寞而错爱，别因为错爱而寂寞一生。

——《寂寞》

“别因为寂寞而错爱，别因为错爱而寂寞一生”出自现代哲理诗《寂寞》。它告诫我们：不要因为寂寞而草率地选择爱上一个人，更不要因为这样错误的行为而令自己寂寞一生，终生后悔。

在我们年轻的容颜之下，包裹着一颗寂寞的心。因为寂寞，我们都祈求有一份如童话般美丽的相知可以不期而至，带给我们温暖和快乐。可是，在这个世界上，有一种孤独不一定是难过，有一种得到也不一定就是快乐。

在错的时间里遇到对的人，是一种遗憾。在错的时间里遇到错的人，是一种悲哀。每一份爱情背后都带着一份责任，当我们没有足够的能力去承担这份责任时，一份纯真的感情就会变味。如果明明知道是错误却坚持要走下去，为此做出错误的行为，那最终受伤害的只会是两颗对爱

情满怀憧憬的心。与其自己亲手制造痛苦，不如多带一份理智：别因为寂寞而错爱，别因为错爱而寂寞一生。

有些人，命里注定要相遇；有些人，却总是要擦肩而过。那些朦胧的美丽，正因为我们放手的距离被岁月定格在了某一个片段上，任时光流逝却依然深镌在心上不会褪色不会逝去。时光流转，岁月浮沉，年少的过往都会落在时间的尘埃中。多年以后的某一天，当我们静静地走在阳光倾泻的路上，看云迈着飘散的脚步淡淡走过，那一刻风吹过落叶的声音可能会让我们倏然怀念起某个人。但是即使彼此此生海天相隔，千山万水，也许再也不会相见，但那一年两个人的微笑，那一段青春的美好已在心中深深地珍藏。

（何海英）

诗歌《寂寞》仅有一句话，“别因为寂寞而错爱，别因为错爱而寂寞一生”。句子简短，但语义深邃，饱含了生活的哲理，韵味无穷，被称为“最典型的哲理诗”。

名话故事

南宋著名爱国诗人陆游，一生仕途坎坷，而且爱情生活也十分不幸。

陆游20岁那年，与表妹唐婉结为伴侣。婚后两人情投意合，相敬如宾。不料，陆母却十分不喜欢唐婉，还威逼二人各自另行嫁娶。婚后第二年，唐琬就被逐出了家门。后来，陆游另娶王氏为妻，唐婉改嫁给同郡的赵士程。这一对年轻人的美满婚姻就这样被拆散了。

10年之后的一天，陆游独自漫游沈园花园，却意外遇到唐婉与赵士程。此情此景，两人无法倾诉离别之情。随后，唐婉征得赵士程的同意，给他送来一杯酒，默默表示关怀。陆游喝着唐婉送来的酒，伤感不已，在沈园墙壁上题下了《钗头凤》这首千古绝唱：

红酥手，黄縢酒，满城春色宫墙柳。东风恶，欢情薄，一怀愁绪，几年离索。错、错、错。

春如旧，人空瘦，泪痕红浥鲛绡透。桃花落，闲池阁，山盟虽在，锦书难托。莫、莫、莫。

传说，唐婉见了这首《钗头凤》后，感慨万端，也提笔和了一首《钗头凤·世情薄》。不久，唐婉竟因愁怨而亡。此后，陆游北上抗金，又转川蜀任职，几十年的风雨生涯，依然无法排遣心中对唐婉的眷恋。又过了40年，陆游重游沈园，睹物思人，倍增伤感，又作成《沈园》诗二首。

一份缠绵的爱情，却因两人机缘不巧合而无法结合，造成了一生的牵挂和遗憾。

不要指着月亮起誓，它是变化无常的，每个月都盈亏圆缺；你要是指着它起誓，也许你的爱情也像它一样的无常。

——[英] 莎士比亚

“不要指着月亮起誓，它是变化无常的……”出自世界闻名剧作家莎士比亚之口。莎士比亚巧借月亮设喻，旨在说明真正的爱情不应是反映

在漂亮的话语上，而应该是体现在行动上。

“月有阴晴圆缺”。爱情也是如此，它并不是每个晚上都会像圆圆的月亮高挂于渺茫的夜空。爱情里有甜蜜，也有痛苦。

苏轼在他的《水调歌头》里，曾感叹到“人有悲欢离合，月有阴晴圆缺，此事古难全”。爱情的圆缺，和月的圆缺都是自然的，我们无须伤感，无需怀恨。

在爱情的国度，不要刻意去追求天长地久，曾经拥有过美好的回忆就已足够让你回忆到老。

相爱无理，分手亦无罪，当你我无力挽回时，放弃也是一种美。甜蜜的，是爱情；苦涩的，依然是爱情。因此我们“不要指着月亮起誓，它是变化无常的，每个月都有盈亏圆缺；你要是指着它起誓，也许你的爱情也像它一样的无常”。

（陆林生）

详见前文第 115 页。

名话故事

《吻》，是一具洁白而透明的大理石双人小像。该石像出自著名雕塑家罗丹之手。赤裸的男女相拥而吻的一瞬间，和谐优美又充满激情的融为一体。围绕在他们周围的神秘气息让我们震撼，他们不再是冰冷的大理石雕塑，而是两个活生生的热血沸腾的生命。他们是被情爱点燃的两个“具体的人”。

难道他们就是罗丹和他的情人克洛岱尔的化身？

当罗丹第一次见到克洛岱尔时，就爱上了她。这一半源自她绝代佳人的面孔，另一半则由于她罕见的才气。与此同时，克洛岱尔也向这位年

长自己 24 岁的男人敞开了自己纯净和贞洁的少女世界。他们秘密相爱了 15 年。然而对于克洛岱尔来说，她投身到了一场要付出一生代价的残酷的爱情游戏中。因为罗丹有他的妻子和儿子。

罗丹曾对克洛岱尔说："你被表现在我的所有雕塑中。"除去他明确地为她做了许多雕像，她还明明灭灭地出现在他广泛的雕塑中。1900 年以后，罗丹名扬天下的同时，克洛岱尔一步步走进人生日渐昏暗的阴影里。在绝对的贫穷和孤寂中，原本激情洋溢的克洛岱尔变得消沉下来。1905 年，克洛岱尔出现妄想症。她被拉到医院关起来。这一关，竟是 30 年。

罗丹"从克洛岱尔身上汲到不少的东西去滋养了自己的才能"。但是那是些什么东西呢？其实那就是爱情！爱情不仅给了他们激情和力量，还将他们的艺术语言奇迹般的同化了。从这个意义上讲，罗丹的全部私人化的作品都应是他们共同创造的。

罗丹与克洛岱尔的爱情像月亮一样，美丽却又缥缈。与其苦苦寻求天长地久的爱情，不如只回忆那些爱情的美好片段。

真正的爱情是表现在恋人对他的偶像采取含蓄、谦恭甚至羞涩的态度，而绝不是表现在随意流露热情和过早的亲昵。

——[德] 马克思

这句话出自马克思写给未来女婿保尔·法拉格的一封信。当时，保尔·法拉格正在强烈地追求着马克思的女儿劳拉，由于他的行为流露出热情和过早的亲昵，这让劳拉感到有点不适。为此，马克思特意写信给保尔·法拉格，告诉他什么是真正的爱情。

真正的爱情，就如马克思所说的，不一定非要轰轰烈烈，它是一种含蓄、谦恭甚至羞涩的态度。真正的爱情需要接受、支持，真正的爱情需要体贴、体谅。爱常常建立在崇拜的基础上，用完美的眼光欣赏一个不完美的人，珍惜爱人的彼此凝视，然后向着共同的方向望去，那一刻虽然平静，但是比轰轰烈烈的爱情，更加持久。

真正的爱情，首先要在思想上认同爱人，并且带着欣赏与崇敬的眼光去看待自己的爱人，有一句话说得好，有崇拜才有爱情，一种由心所发出来的爱意，可以使爱情如和风细雨般，让人舒适。过分的热情与过早的亲昵，会让纯真的爱情，蒙上灰尘，不再晶莹剔透。年轻的人们，要留住最美好的爱情，就请含蓄些，谦恭些，羞涩些，在温和的气氛中，让爱情开出最美丽的花朵。

（肖　芙）

详见前文第 117 页。

马克思的爱人叫燕妮。他们从小便是好朋友。燕妮出身名门贵族，美丽大方，追求她的小伙子大有人在。为了赢得燕妮的爱情，马克思想出了一道含蓄的办法。

在一次约会中，马克思故意满脸愁云地对燕妮说："燕妮，我爱上了一个姑娘，现准备向她表白爱情，但我很怕遭到拒绝，不知她肯不肯答应我的婚事。"

燕妮一听，不禁大吃一惊，因为她也一直暗恋着马克思。面对心上人的提问，她有点伤感："你……确定真的爱她吗？"

"是的，我内心真的爱她，我们相识已经很久了。"马克思接着说："她是我碰到的姑娘中最好的一个，这里还有她的照片，你愿意看吗？"说着递给燕妮一个精致的小木匣。

燕妮用颤抖的手接过来，打开后她顿时惊呆了——原来里面放着一面镜子，"照片"就是她自己！此刻，马克思立刻张开怀抱，把沉浸在甜蜜之中的燕妮拥入了怀中。

世界上最遥远的距离，不是生与死，而是我就站在你面前，你却不知道我爱你。

——[印度] 泰戈尔

“世界上最遥远的距离，不是生与死，而是我就站在你面前，你却不知道我爱你”出自泰戈尔的诗歌《飞鸟与鱼》（又名《世界上最遥远的距离》）。意思是有一种比生与死更遥远的距离，不是生与死，而是一种最难逾越的心与心的距离。所爱的人近在咫尺却形同陌路，那条无法跨越的沟渠，已把这份爱远远拒绝在世界上最遥远的距离之外。距离本来可

以产生美，但这样一种世界上最遥远的距离却是痛苦的。

别让心与心成为世界上最遥远的距离！有些珍贵的东西一旦错过了，就永远都找不回来，这是泰戈尔对我们的美丽忠告。在生活中，你是否发现了身边爱你的人，关心你的人？他们的一声问候、一个微笑，往往是最真诚的关怀与爱意。爱情如此，亲情、友情亦然！

这个“世界不是缺少美，而是缺少发现美的眼睛。”只要善于发掘，总有很多东西值得我们去珍惜。一次伸手，或者一个回眸，都可拉近你我的距离，穿越心灵的鸿沟，温暖着那冰封的感情。

（朱成锋）

名话名人

详见前文第 58 页。

名话故事

这是一个关于飞鸟和鱼的伤情故事。一只飞鸟在飞过一片美丽的水域时，偶遇到一条刚好浮在水面呼吸的鱼。当美丽的鱼见到飞鸟，他们眼神相撞，久久凝望。同一时刻，它们惊讶地发现彼此都已深深地爱上了对方。为此，这条鱼久久不愿沉入水底，飞鸟也在空中不断盘旋，迟迟不肯离去。然而，它们毕竟是生活在两个完全不同的世界，注定无法走到一起。最后鱼只能无奈地带着深深的叹息沉入水底，而那只鸟也悲伤地飞离了那片水域。匆匆相遇，匆匆离散。从此，这只鸟再也没有经过这片美丽的水域，鱼也再没浮出过水面，音讯渺茫。这种莫名的、两情相悦的爱，穿越了时空，穿越了不同的世界，但是在他们的面前是一段无法逾越的距离，这段爱恋注定是失败的。泰戈尔有感于飞鸟与鱼的故事，便写下了“世界上最遥远的距离，不是生与死，而是我就站在你面前，你却不知道我爱你”的千古名句。

我们已经困处于爱情凋萎的时刻，如今我们忧伤的灵魂厌倦而消沉；分手吧，趁情热季节未把我们忘却，在你低垂的额头留一个含泪的吻。

——[爱尔兰] 叶　芝

“我们已经困处于爱情凋萎的时刻，如今我们忧伤的灵魂厌倦而消沉；分手吧，趁情热季节未把我们忘却，在你低垂的额头留一个含泪的吻……”出自叶芝的唯美诗作《叶落》。爱情，在幸福人的眼中，它是生命中欢快悠扬的乐章，消解人世忧愁；在不幸人的眼中，它是瑟瑟如刀的寒风，冰冷残酷，痛彻心扉。

爱情不仅有美好，也有伤感；爱情不仅让人快乐，也会让人伤心。在爱情绽放的时候，我们应该用心欣赏它的美丽；而当爱情凋萎的时刻来临，我们可以悲伤，但不能沉沦。除了爱情，还有很多情感等待我们去浇灌，譬如亲情、友谊，所以，当爱情渐行渐远的时候，及时抽身，就算在忧伤中，也该互相祝福；在热情还未完全冷却的时候，给自己留下一段美好的回忆。大千世界，生活不是只有爱情，请收起忧郁的表情，以及涟漪一般的爱恋，一如既往、坚强而又倔强地生活着。

经过淘洗、升华的爱情，带着淡淡的忧伤与决然。爱情犹如鲜花，也会有凋萎的时刻，在叶未落的季节，搭着热情的最后一班车，轻轻地说"分手吧，趁情热的季节未把我们忘却，在你低垂的额头留一个含泪的吻"。

（肖　芙）

叶芝（1865~1939），爱尔兰诗人、剧作家。1923年获诺贝尔文学奖。叶芝是"爱尔兰文艺复兴运动"的领袖。诗作有《钟楼》、《盘旋的楼梯》及《驶向拜占庭》等。

才子佳人，未必天造地设。

郁达夫，"曾因酒醉鞭名马，生怕情多累美人"的多情才子；王映霞，"名动杭州，风姿绰约"的江南名伶，在共同经历一段相知、相爱，相疑、相恨、相念的情真岁月后，这对曾经艳羡世人的佳偶，最后成为不折不扣的怨偶。浓情生爱，由爱生怖，因怖而别，因别生恋，当爱情繁花落尽，当幸福难寻归路，那12载的灼热情深，那曾经挚若生命逃不开的爱，终究破灭。虽然有种种的舍不得，但他还是毅然放开了手。在这一段的爱情征程上，就原谅彼此吧，谁让这世上原本就没有圣人。天涯是什么，是曾经相爱的人如今各自过着的幸福生活，咫尺是什么，是相爱的人那两颗远隔万里仍彼此想念的心。

世界上最遥远的距离，不是生与死，而是我就站在你面前，你却不知道我爱你。

Part Six

美德篇·谦谦君子风

它像一泓清泉，滋润着我们年轻的心田；它像一袭阳光，照耀着我们不息的生命；

它使我们年轻，使我们美丽，使我们快乐……于是，我们的生命从此开始闪光。

宝剑锋从磨砺出，梅花香自苦寒来。

——《警世贤文》

“宝剑锋从磨砺出，梅花香自苦寒来”出自《警世贤文》，前句指宝剑的刀锋是工匠慢慢打磨出来的，所以宝剑才会有寒气逼人的剑锋，而被习武之人所喜爱；后句指梅花的香气经过凛冽寒冷的冬天才能散发出来，在百花凋零中，艰难困苦地度过无数个寒冬，才被众人赞叹。

爱迪生说：“天才就是百分之九十九的汗水加百分之一的灵感。”自古以来，但凡有一番作为的人都要经过磨炼，通过考验。因而我们不要遇

到一点困难就鸣金收兵，不要受到一点挫折就灰心丧气，成功总是垒堆在一连串的考验之上。宝剑的锋利和梅花的清香都是经过了很多的考验方可得到。所以一个人要取得成就，就要能吃苦，多锻炼，像宝剑和梅花一样经过磨砺来取得成功。

环境的困苦能够锻炼出社会的精英。经过细心打磨的是锋利的“宝剑”，凛冽严寒的天气造就的是迷人的“清香”。越是困难的环境，越能锻炼一个人的能力和意志。“文王拘而演《周易》，仲尼厄而作《春秋》，左丘失明，厥有《国语》，孙子膑脚，兵法修列”，能在逆境中突围而出的往往是伟人。因而，面对严峻的情况不用害怕、退缩，而要勇于面对。大雨过后，冲洗掉的是污垢和废墟，留下的是清新干爽的精华。

（张丹平）

名话出典

《警世贤文》是收集民间的俗语、警句的一本著作，其中包含守法篇、勤奋篇、疏财篇等21篇。著作中的俗语、警语，囊括了社会生活的方方面面，往往能够起到激励人心的作用。

名话故事

车胤，生于晋朝，年轻时就很懂事，也能吃苦耐劳。他白天要帮家人干活，就利用漫漫长夜多读些书，提高自己；可是，他的家境清贫，根本没有钱买油点灯。最初，他只得在夜间背诵书本内容，直到一个夏天的晚上，他看见几只萤火虫在飞舞，点点萤光在黑夜中闪动。于是，他想出了一个好法子：捉来许多萤火虫，把它们放在一个用白夏布缝制的小袋子里。因为白夏布很薄，可以透出萤火虫的光，他把这个布袋子吊起来，就成了一盏“照明灯”。车胤不断苦读，终于成为著名的学者，后来还成了一名深得人心的官员。

忍一时风平浪静，退一步海阔天空。

——《增广贤文》

“忍一时风平浪静，退一步海阔天空”出自中国古代训示类启蒙读物《增广贤文》。大意为：当发生争执或矛盾冲突时，请忍耐一下，往后退让一步，很快你就会发现：很多的不愉快已经烟消云散，风平浪静了，天空依旧空旷美丽，大海依然广阔迷人。

在我们的一生中难免会与别人发生矛盾冲突，那么，是恶语相向，大打出手甚至拳脚交加呢，还是握手言欢，化干戈为玉帛呢？

有些人不愿意吃亏，要面子，“得理不饶人，无理争三分”，认为忍让就失了尊严，于是便使矛盾冲突不断升级、激化，最后一发不可收拾。其实并非如此，忍让不会失了尊严，反而会使人更加尊重你，忍让是一种宽容，是美德的一种表现，也是成熟、冷静、理智、心胸豁达的表现。

“海纳百川，有容乃大”，所以在为人处世方面我们应该学会忍让。很多事其实没有必要据理力争，忍耐一下，退让一步，你就会发现一切都会云淡风轻。

学会忍让，你的情操就会得到陶冶，即使深陷逆境你也能处之泰然。

学会忍让，那么世界就会多一份和平少一份战争。

（刘海燕）

《增广贤文》是中国古代训示类启蒙读物，也叫《昔时贤文》或《古今贤文》，作者不详，是民间创作的结晶。它吸收了我国民间流传的谚语、格言和先人的名言佳句，内容涉及儒家思想、佛教思想、道教思想，反映了我国古代人们的生活心理。

名话故事

在我国的安徽桐城有一条非常有名的巷子，它的名字叫“六尺巷”。说起这条巷子，还有一段来历呢。

古时候，在桐城有两户相邻的人家张家和叶家，两家人在起房造屋时，为了争地方而发生了争执。张老夫人一气之下就写了一封家书给远在北京任宰相的儿子，希望儿子出面干预。宰相看罢来信，只回了一首诗：“千里家书只为墙，再让三尺又何妨？万里长城今犹在，不见当年秦始皇。”张老夫人也是个明白事理的人，看后顿时觉悟，心生惭愧，于是主动把院墙退后三尺。叶家人见此情况，觉得十分羞愧，也把院墙退后三尺。这样，在两家人之间就形成了一条六尺宽的巷子，名叫“六尺巷”。

举世皆浊我独清，众人皆醉我独醒。

——（战国）屈　原

“举世皆浊我独清，众人皆醉我独醒”出自《楚辞·渔父》，它的意思是：全世界都浑浊了，只有我一个人还洁净着；所有的人都昏醉了，只有我依然清醒着。

世间有很多的黑暗和污浊，大多数人都不知不觉地被同化了。他们随波逐流，过着自认为不错的生活，庸庸碌碌地被世俗的准绳牵着转，或者苟且偷生于名利和权贵之下。他们的生命就这样在世上沉浮，半醉半醒，自欺欺人，终其一生。而这当中也有另外一种人，他们有着过人的智慧和巨大的勇气，他们选择了清醒和真实。他们目光如炬，了解事物背后

的真相，挑战落后的世俗规则，对一切丑陋疾恶如仇。他们为当世人所不容，没有知音，没有人理解其言论和行动，他们在世人眼里是一个十足的“疯子”。可即使如此，他们还是选择了不妥协。

悠悠岁月，大浪淘沙，时间是最好的审判者，曾经所谓的疯子成了如今人们心目中的斗士。就像司马迁、屈原和鲁迅等许许多多的人一样，他们曾经被驱逐被嘲讽，可最后却流芳百世。

（麦广豪）

详见前文第 3 页。

屈原是楚国有名的大夫。有一天，他来到湘江边，披头散发，脸色憔悴，且一边走一边口中念念有词。江上一位渔翁看到他，就问道：“您不就是三闾大夫么？今天怎么成了这般模样？”

屈原说：“普天下都混浊，只有我还清白；所有人都醉了，只有我还醒着。所以才被君王流放啊。”

渔父说：“真正贤明的圣人是不死板地对待事物，而能随着世道一起变化。世上的人都混浊，你何不也一起随波逐流？所有人都醉了，你何不也跟着大口吃糟喝酒？为什么要自命清高，使得自己被放逐呢？”

屈原道：“我听说刚洗头的人一定会弹去帽子上的灰尘，刚洗澡的人一定会抖去衣服上的尘土。怎么能让自己的清白之身，受到外界的肮脏风气的感染？我宁愿投入湘水，葬身于江中的鱼腹之内，也不能让洁净光明的纯白的品质，蒙上世俗的尘埃啊！”

渔父听完微微一笑，口中唱道：“江水清清，可以洗我的帽子；江水混浊，可以洗我的双足。”然后便摇打着船桨离去了。

燕雀安知鸿鹄之志哉！

——(秦)陈　胜

“燕雀安知鸿鹄之志哉”一句出自西汉司马迁的著作《史记·陈涉世家》。意为：那家雀、燕子哪能知道天鹅的志向。比喻平凡的人哪里知道英雄人物的志向。当时陈胜与其他被劳役的民夫一起劳动，谈及理想时其他民夫都笑话他，于是陈胜不禁发出这样的感叹。陈胜以鸿鹄，即高飞的天鹅自喻，以只会低飞的燕雀比喻其他农夫，表明自己志向的高远。

伟大的科学家爱因斯坦说：“世界上并没有什么天才。”不错，平庸的人之所以平庸，往往并不是因为他们没有一技之长，而是因为他们缺少目标，缺少信念，缺少远大的志向。树立远大的志向，可以为我们攀登人生的高峰提供强大的动力，让我们不敢随便懈怠。即使在前进的道路上遇到各种各样的挫折、失败，只要心中存有高远的志向，我们的步伐就不会减慢，因为始终有一个梦想在等待着我们去努力追寻。

当今社会，竞争日益激烈，逆流而上，不进则退。如果我们只安于现状，不思进取，很快就会被淘汰。唯有拿出我们的气魄和勇气，向着我们梦想的蓝天努力展翅高飞，才能更好地达到理想境界，充分展现自己的

人生价值，开辟出一片属于自己的天地。

（柯德铭）

名话名人

陈胜（？~前208），字涉，阳城（今河南省方城县）人，早年为人佣耕，后带领农民起义军抗击暴秦，成为历史上有名的起义军领袖。西汉史学家司马迁因此把他写入《史记》。

名话故事

陈胜出身雇农，从小就给地主做长工，深受压迫和剥削，对当时的残酷统治极度地憎恨，逐渐产生了变革的思想。当时正值秦王朝的残暴统治时期，阶级压迫极深。他不甘心受人奴役，同情和自己同命运的人。有一天，他对一起耕田的伙伴们说："苟富贵，勿相忘。"意为，以后如果有谁富贵了，可别忘了一块吃苦受累的穷兄弟。大伙听了都觉得好笑："咱们卖力气给人家种田，哪儿来的富贵？"陈胜不免有所感慨，叹息道："燕雀安知鸿鹄之志哉！"。虽作为出身贫困的雇农，但陈胜始终怀有远大的志向。不久，陈胜于秦二世元年（公元前209年）七月与另一位屯长吴广共同起义，拉开了中国历史上第一次大规模的农民起义战争序幕。

非淡泊无以明志，非宁静无以致远。

——(三国) 诸葛亮

“非淡泊无以明志，非宁静无以致远”出自诸葛亮《诫子书》。这是他 54 岁时写给 8 岁儿子诸葛瞻的告诫语。这既是诸葛亮一生经历的总结，更是对他儿子的要求。在这里，诸葛亮用的是“双重否定”的句式，以强烈而委婉的语气表现了他对儿子的教诲与无限的期望。“非淡泊无以明志，非宁静无以致远”，是一句富含哲理的话。意思是：不把眼前的名利看得轻淡就不会有明确的志向，不能平静安详全神贯注的学习，就不能实现远大的目标。

人生在世，不要过分地追逐名利，要保持一份淡然宁静的心态。淡泊不是不思进取，不是无所作为，不是没有追求，而是以一颗纯净的灵魂对待人生。所以，淡泊是一种修养，一种气质，一种境界。淡泊可以放飞心灵，可以还原人的本性。人能经受热闹，也能耐得寂寞。在顺境中怡然自得，身处逆境时不妄自菲薄，悉由自然。这样使你能够真正地享受人生，在淡泊中充实自己。

相对于现在这个飞速发展的社会来说，这是一个多么高远的境界。人生在世，要以一种“超然的，超功利性的”态度生活，人才能活得洒脱，才有“出淤泥而不染，濯清涟而不妖”的高洁品质。

（冼少兰）

诸葛亮(181~234),字孔明,号卧龙,琅琊阳都(今山东临沂)人。三国时期杰出的政治家、战略军事家。蜀汉丞相,谥忠武侯。其代表作有《前出师表》、《后出师表》、《隆中对》等。

名人故事

官渡大战以后,刘备逃到荆州,投奔刘表。雄心勃勃的刘备先后听到司马徽、徐庶推重诸葛亮,知道诸葛亮是个了不起的人才,于是就带着关羽、张飞,一起到隆中去找诸葛亮。第一次来到茅庐时,亮已外出,三人返途中遇见亮好友崔州平;数日后,刘、关、张顶风冒雪,二顾茅庐。途中,遇亮好友石广元,孟公威。到达茅庐,只见亮弟诸葛均,方知亮已出游。刘备留下一笺,表达倾慕之意。返回时,在隆中山下小桥边遇见亮岳父黄承彦;过了一段时间,刘备与关羽、张飞三顾茅庐,适逢亮在家,但昼寝未醒。刘备吩咐关、张在门外等候,自己徐步而入,拱手立于阶下,直到亮醒后,方才相见。三顾茅庐后,诸葛亮终于被刘备的诚意感动了,就在自己的草屋里接待刘备。

诸葛亮看到刘备这样虚心请教,也就推心置腹地跟刘备谈了自己的主张。他说:“现在曹操已经战胜袁绍,拥有一百万兵力,而且他又挟持天子发号施令。这就不能光凭武力和他争胜负了。孙权占据江东一带,已经三代。江东地势险要,现在百姓归附他,还有一批有才能的人为他效力。看来,也只能和他联合,不能打他的主意。”

接着,诸葛亮分析了荆州和益州的形势,认为荆州是一个军事要地,可是刘表是守不住这块地方的。益州土地肥沃广阔,向来称为“天府之国”,可是那里的主人刘璋也是个懦弱无能的人,大家都对他不满意。

最后,他说:“将军是皇室的后代,天下闻名,如果您能占领荆、益两

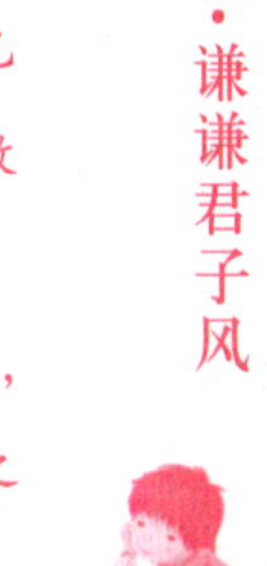

州的地方，对外联合孙权，对内整顿内政，一旦有机会，就可以从荆州、益州两路进军，攻击曹操。到那时，有谁不欢迎将军呢。能够这样，功业就可以成就，汉室也可以恢复了。”

刘备听了诸葛亮这一番精辟透彻的分析，思想豁然开朗。他觉得诸葛亮人才难得，于是恳切地请诸葛亮出山，帮助他完成兴复汉室的大业。诸葛亮遂出山辅佐刘备。

后来，人们把这个故事称作“三顾茅庐”，把诸葛亮这番谈话称作“隆中对”。

勿以恶小而为之，勿以善小而不为，唯贤唯德，能服于人。

——(三国)刘　备

“勿以恶小而为之，勿以善小而不为，唯贤唯德，能服于人”源自于《诸葛亮集》，是刘备临死前给儿子刘禅的遗训。其意思为：不要以为坏事小，就可以不考虑后果而去做；也不要以为好事小得微不足道就不屑去做。能够收服人心的不是别的，只是贤明美德而已。

刘禅，又称阿斗，是一个史上没有什么作为，甚至昏庸无能的君主。也许当时刘备预见了刘禅的未来，才忧心忡忡地用这句话来教育他。可

惜刘禅最终还是辜负了父亲的一片苦心，没能肩负起带领蜀国恢复汉室的重任，结果还闹了“乐不思蜀”的笑话。刘备的这句遗训以其深刻的思想教育意义一直流传千年，直到今天仍然是思想教育领域的珠玉良言。

一个人是发展成为一块价值连城的美玉，还是变成一文不值的石头？鲍鱼之肆可以让人堕落，兰芝之室可以使人高洁。人生在世，关键要加强个人自身的修养。不能轻视“小恶”，是因为小恶乃大恶的根源，往往导致一个人走向罪恶深渊的就是当初那些不以为然的“小恶”。所以，对于恶，再小也要防微杜渐，否则，“恶小而为之”的长久后果必然是人生万劫不复的深渊。贪官们锒铛入狱，焉知当初不是因为一纸一墨之贪？相反，一些品德美好的人，他们能够受人尊敬，为人所信任，并非一定要有轰轰烈烈的感人事迹。善意的举动做多了，日积月累也就形成令人敬仰的馨香美德。

种下恶的种子，得到的便是人生的恶果；播下善的种子，开出的就是美德的花朵。因此，一个人如果希望自己受到他人的尊重和敬爱，那么请记住：勿以恶小而为之，勿以善小而不为。唯贤唯德，能服于人。

（柯小莺）

刘备(161~223),字玄德,是三国时期政治家,蜀国开国君主。据传他是汉高祖后世子孙,因此又被称作“刘皇叔”。幼年时家境贫寒,与母亲贩鞋为生。于公元221年称帝,定都成都,国号汉。次年在吴蜀夷陵之战中大败,不久后病死。

名话故事

刘备是一个很注重“以德修身”的人,传说有刺客因感动于他的品德而放弃了刺杀他。

刘备幼年失父,与母亲相依为命,平时靠编织草鞋换取钱财为生。汉灵帝末年时,政治腐败,朝廷奸臣当道,百姓民不聊生。这时,有个叫张角的人发起了史上著名的黄巾起义。胸怀大志的刘备加入了这场讨伐黄巾党的战斗。他因讨伐有功,当了一个小官,后来因为抵挡不住黄巾党而投奔中郎将公孙瓒,得到公孙瓒赏识。

生性仁厚的刘备,常施财给战乱中的老百姓,对待将士也很宽厚,常与他们同席而坐,同桌而吃,因此颇有美德之名,很受人们尊敬爱戴。

但是,有个叫刘平的人却很瞧不起编织草鞋出生的刘备,觉得受他领导是种耻辱。于是他暗暗买通了一个刺客刺杀刘备。

当刺客找到刘备时,刘备虽然不知道陌生人的身份,还是以一贯的宽厚热情友好地接待了他。本来冷血的刺客因此而大受感动,不忍心下手,在告诉刘备真相后毅然转身离去。

后来夺权的战争愈演愈烈,天下的格局大变。在一大群能人志士的帮助下,刘备在蜀地建立了属于自己的政权。他以德治国,任贤唯能,手下聚拢了一大批诸如诸葛亮、赵子龙等贤臣大将,所以他在位的时候,蜀国国力强盛,与曹操的魏国、孙权的吴国相抗衡,形成“三足鼎立”的天下大势。

伟大的心胸，应该表现出这样的一种气概——用笑脸来迎接悲惨的厄运，用百倍的勇气来应付一切的不幸。

——鲁　迅

国民大革命失败后，很多年轻人因经不起挫折而变得心灰意冷，甚至开始放弃革命。鲁迅先生得知后非常痛心，他给这些人画了一幅像，并在画像的旁边题了一句话："伟大的心胸，应该表现出这样的一种气概——用笑脸来迎接悲惨的厄运，用百倍的勇气来应付一切的不幸。"这句话气势恢宏，语句雄壮有力，对当时那些经不起挫折的年轻人起到了很好的警醒作用。

古今成大事者，必具坚强的意志与非凡的毅力，必具乐观向上的积极心态，必具迎接百般挫折的胆量和勇气。屈原被放逐，才著有《离骚》；孙子被砍脚，始有《兵法》；司马迁被施宫刑，于是《史记》问世……凡此种种，不难看出，屈服于命运和困难的，那是命运的懦夫；面对困难，意志坚强，勇于向命运挑战，才是生活的强者。

面对困难，我们不该逃避、不该抱怨，而应该以坦然、积极乐观的态度对待。如果一个人屈服于命运，屈服于困难，那么，他只能是个弱者；但是，如果面对困难，意志坚强，勇于向命运挑战，那么他就会是生活中的强者。

挫折，对于弱者来说是一个万丈深渊，但对于强者来说却是一笔巨大的财富。古今成大事者，必具备坚强的意志与非凡的毅力，更有一种乐观向上的心态。如果你想成就大事，那么就必须做好迎接一切厄运与不幸的准备，学会在命运面前展现乐观笑容。

（龚学超）

鲁迅(1881~1936)，原名周树人，浙江绍兴人。中国现代文学家、思想家和革命家。他的文章被称为“投枪”与“匕首”，代表作有小说集《呐喊》、《彷徨》，散文集《朝花夕拾》，杂文集《热风》、《南腔北调集》、《且介亭杂文》等。鲁迅以笔为武器，战斗一生，是中国新文化革命的主将。

名话故事

鲁迅的求学经历比较特殊。在南京路矿学堂学习时，他凭优异的成绩考取了官费留学，到日本去学医。本来他选择学医是为了医治病人，增强中国人的体质，改变中国“东亚病夫”的耻辱，但是自从经历了一件事情以后，他彻底改变了自己的理想。

一天在上课的时候，教室里放映一部战争的片子。画面上有一个被当成俄国侦探的中国人，他即将被手持钢刀的日本士兵砍头示众。当时，周围站着许多观看的中国人，虽然他们和日本人一样身强体壮，但个个无动于衷，脸上是麻木的神情。这时身边一名日本学生说：“看这些中国人麻木的样子，就知道中国一定会灭亡！”鲁迅听到这话忽地站起来向那说话的日本人投去两道威严不屈的目光，然后昂首挺胸地走出了教室。

一个被五花大绑的中国人，一群麻木不仁的看客——在脑海闪过，鲁迅想到如果中国人的思想不觉悟，即使治好了他们的病，也只是做毫无意义的示众材料和看客。现在中国最需要的是改变人们的精神面貌。于是他下定决心，弃医从文，用笔写文唤醒中国人。从此，鲁迅把文学作为自己的目标，用手中的笔做武器，写出了《呐喊》、《狂人日记》等许多作品，向黑暗的旧社会发起了挑战，唤醒了数以万计的中华儿女，起来同反动派进行英勇斗争。直到生命的最后一刻，他仍夜以继日地写作。

爱在左，情在右，走在生命的两旁，随时播种，随时开花，将这一径长径点缀得花香弥漫，使得穿花拂月的人踏着荆棘，不觉痛苦，有泪可挥，不觉凄凉。

——冰　心

“爱在左，情在右……”出自冰心赠葛洛的文章《爱在左情在右》。爱和情是我们心灵飞翔的两扇翅膀。因为有爱，我们看到世界的美丽和光明；因为有情，我们感到生命的芬芳和美丽；因为情爱交融，我们才能收获丰富多彩的人生。

人生是一条漫漫长路，我们不能改变它的长度，但是我们可以改变沿途的风景。我们可以随时播种，随时开花，随时微笑，随时奔跑。只要我们有爱，我们就有希望；只要我们有情，我们就会有温暖；只要我们心连着心，手拉着手，在人生的道路上就不会寂寞。花香可以同享，荆棘可以共除。

人生往往让我们欢笑，也让我们流泪。人生也常常让我们感到荡气回肠，也让我们不断追寻。为什么我们眼里满含着热泪？因为我们爱这土地爱得深沉。为什么我们心里会感到荡气回肠？因为我们的心中有情有爱。为什么我们矢志不渝地追寻着美丽的远方？因为我们身边永远有希望陪伴。爱的魅力往往在于它不仅把我们的快乐延长，而且把我们的痛苦减轻，让我们更加有勇气地面对生活，永远感恩生活，永远感谢命运的厚赐。

（林美强）

详见前文第 69 页。

一位商人看到一个衣衫褴褛的铅笔推销员，顿生一股怜悯之情。他不假思索地将 10 元钱塞到卖铅笔人的手中，然后头也不回地走开了。走了没几步，他忽然觉得这样做不妥，于是连忙返回来，并抱歉地解释说自己忘了取笔，希望不要介意。最后，他郑重其事地说：“您和我一样，都是商人。”几年之后，在一个商贾云集、热烈隆重的社交场合，一位西装革履、风度翩翩的推销商迎上这位商人，不无感激地自我介绍道：“您可能早已忘记我了，而我也不知道您的名字，但我永远不会忘记您。您就是那位重新给了我自尊和自信的人。我一直觉得自己是个推销铅笔的乞丐，直到您亲口对我说，我和您一样都是商人为止。”

做好自己的本职工作就是最大的政治。

——钟南山

“做好自己的本职工作就是最大的政治”是著名医学专家钟南山在2003年“SARS”肆虐期间，接受中央电视台《面对面》栏目记者王志采访时说的一句话。它体现出了一种高度的责任感。

“天下兴亡，匹夫有责。”自古以来，人们对“以天下为己任”的壮举津津乐道，这种壮举应该得到推崇。在浩瀚的历史长河中，有很多站在潮头浪尖的弄潮儿，抱着济天下苍生的愿望，建立了一番又一番的丰功伟业。而在生活节奏加快、分工明确、周围弥漫着许多浮躁气息的现代社会，我们更需要的是：在这个社会里找到属于自己的位置，并为之奋斗不息，为国家和集体做出应有的贡献。

在自己的位置上尽职尽责，尽善尽美，即是对社会贡献出了自己的一份力。医生努力治病救人，追求医术高超和医德高尚；教师辛勤传道授业，追求桃李芬芳和师德高尚；运动员刻苦奋斗拼搏，追求更高、更快、更强的超越……假如每个人都有一间修饰得窗明几净，雅致宜人的屋宇，整个世界自然容光焕发，变得更加美好。

（麦广豪）

钟南山，1936生，广东高校名师，中华医学会会长，广州医学院广州呼吸疾病研究所所长，中国工程院院士，“非典”期间任广东省防治非典型肺炎医疗救护专家指导小组组长，成为抗击非典的领军人物。

《格林童话》里有这样的一个故事。

一只猫在森林里遇到一只狐狸，心想：它又聪明，经验又丰富，挺受人尊重的。于是它很友好地和狐狸打招呼：“尊敬的狐狸先生，您好吗？这些日子您过得怎么样？”

狐狸傲慢地将猫从头到脚打量了一番，半天拿不定主意是不是该和它说话。最后它说：“哦，你这个倒霉的长着胡子、满身花纹、饥肠辘辘地追赶老鼠的家伙，你会啥？有什么资格问我过得怎么样？你都学了点什么本事？”

“我只有一种本领。”猫谦虚地说。

“什么本领？”狐狸问。

“有人追我的时候，我会爬到树上去藏起来保护自己。”

“就这本事？”狐狸不屑地说，“我掌握了上百种本领，而且还有满口袋计谋。我真觉得你可怜，跟着我吧，我教你怎样从追捕中逃生。”

就在这时，猎人带着四条狗走近了。猫敏捷地窜到一棵树上，茂密的树叶把它遮挡得严严实实。“快打开你的计谋口袋，狐狸先生，快打开呀！”猫冲着狐狸喊道。可是猎狗已经将狐狸扑倒咬住了。

“哎呀，狐狸先生，”猫喊道，“你的千百种本领就这么给扔掉了！假如你能像我一样爬树就不至于丢了性命了。”

本分，就是生命底线。

吾爱吾师，但吾更爱真理。

——[古希腊] 亚里士多德

尊师重道历来是我们中华民族的传统美德。在人的一生中，老师犹如远海中的一座灯塔，给航行的小船引航。作为人生的领路人，老师无形地给我们树立了好的榜样，给我们开启了知识的大门，因而在我们的心中对老师应该怀有崇敬之情。

然而，对老师崇敬并不能意味着要对老师所说的一切都认同。知识海洋浩瀚如烟，面对广阔的海洋，我们犹如一个在沙滩上玩耍的孩子，还有很多的茫然和无知。其实，老师也是"沙滩上玩耍的小孩"，他并没有拥有知识海洋的全部宝藏——他只是比学生早到，多拾了一些宝贝、珍珠罢了。老师不是一个无所不知的学者，有时，他的观点也难免会有错误。因而，我们不能因为他是老师而毫无原则地认同他的错误观点，而放弃自己的正确观点，放弃探索真理的勇气。

一个只会盲从于老师的学生不是一个好学生。只有勇于探索知识海洋的学生才能拾到亮丽的珍珠。几千多年前，古希腊的伽利略不畏权威，勇于向亚里士多德挑战，从而推翻了亚里士多德的千年学说，获得了世

人的称赞。“吾爱吾师，但吾更爱真理”，作为现代的学子，我们并不能因权威而放弃追求真理，而应该勇于探索，勇于坚持，向真理不断迈进。

（易银河）

名话名人

亚里士多德（前 384~前 322），古希腊斯吉塔拉人，伟大的哲学家、科学家和教育家。曾师从柏拉图。他的著作是古代的百科全书，据说有400~1000 部，主要有《工具论》、《伦理学》、《诗学》等。

名人故事

17 岁那年，亚里士多德被父亲送去跟随柏拉图学习。在学习期间，亚里士多德经常和老师争论，有时候，他问的问题连老师都答不上来。他不同意柏拉图把真实存在看成是“人的理念”的唯心观点，曾经提出这样的问题：树就是树，由种子长成，结出果实。离开实实在在的树，仅仅是头脑中的树的概念又有什么意义呢？后来，亚里士多德抛弃了柏拉图的许多唯心论观点，认为客观存在的物质世界是永恒的，不是靠什么观念产生的，是先有了现实生活中的各种三角形状的东西，才有人们头脑中形成的三角形。

对亚里士多德来说，柏拉图既是他非常崇敬的恩师，又是他的挚友，正所谓“良师益友”。他曾作诗这样赞美过柏拉图：“在众人之中，他也是唯一的，也是最初的……这样的人啊，如今已无处寻觅！”然而，在探究真理的道路上，亚里士多德表现出极大的勇气：他不畏权威、不畏传统。他毫不掩饰他在哲学思想的内容和方法上与老师所存在的严重分歧，毫不留情地批评自己恩师的错误。这自然引来了一些人的指责：亚氏是背叛自己恩师的忘恩负义之徒。亚里士多德对此回敬了响彻历史长河的一句名言：“吾爱吾师，吾更爱真理！”

生命不可能从谎言中开出灿烂的鲜花。

——[德] 海　涅

"生命不可能从谎言中开出灿烂的鲜花",出自德国著名诗人海涅之口,它一直感动和鼓励着后人真诚地生活,抱着真诚的态度面对人生,创造自己的未来。

人生好比一座大花园,想要培育出最美丽的鲜花,就需要把真诚的语言当做土壤。一个人,如果对自己都不真诚了,那么很难相信他会真诚地对待他人。商人也只有诚信经营才可以获得顾客的信赖和支持。所以我们要善待自己的生命,把诚信作为生命的养料,让生命之花在诚信的养料中开得灿烂,活出自己的价值。

谎言,一直为人们所痛斥,为人们所鄙视,为人们所拒绝。如果我们每天对着别人撒谎,那我们是在亵渎自己的人生,我们的人生充满了谎言,又怎能有所作为呢?

生命是纯真的,诚信是一个人最起码的美德。谎话,也许会使生命照样延续,但是这种成长是暂时的,最后我们失去的将会更多。我们要活在真诚中,首先要对自己的生命真诚,培养美德,拒绝虚伪的谎言,坚持以

一种真诚态度去面对人生。

（陈　雍）

海涅(1797~1856)，德国著名文学家，世界文学史上最著名的诗人之一。代表作有《诗歌》、《德国——一个冬天的童话》等。

列宁是俄国有名的革命领袖。列宁小时候，有一次母亲带着他到姑妈家中做客。小列宁把姑妈家的一只花瓶打碎了。姑妈问孩子们："是谁打碎了花瓶？"小列宁因为害怕受姑妈批评，便跟着其他孩子一起说："不是我！"母亲猜到花瓶是淘气的小列宁打碎的，因为小列宁特别淘气，在家里经常发生类似的事情。但是，小列宁向来是主动承认错误，从未撒过谎。她装出相信儿子的样子，一直没有提起这件事，而是给儿子讲诚实守信的美德故事，等待着儿子能主动承认。

有一天，小列宁突然在妈妈讲故事时失声大哭起来，痛苦地告诉妈妈："我欺骗了姑妈，我说不是我打碎了花瓶，其实是我干的。"听着孩子羞愧难过的述说，妈妈耐心地安慰他，告诉他只要向姑妈写信承认错误，姑妈就会原谅他。于是，小列宁马上起床，在妈妈的帮助下，向姑妈写信承认了错误。从此以后，列宁再没有说过谎。长大以后，他也通过诚信这可贵的品质得到了人民的支持。

快乐的笑容是室内的阳光。

——[英] 萨克雷

“快乐的笑容是室内的阳光”出自英国作家萨克雷之口，其意思是说我们要用快乐的笑容去感染、温暖别人，让别人像沐浴在温暖的阳光中，使他们感受快乐。

身陷牢狱的两个人都往铁窗外看，一个总是低着头，看到的是满路坎坷、泥泞；一个常常抬起头，望见的是满天星光。这就是悲观者和乐观者的区别。有人这样说：“消极的人像月亮，初一和十五不一样；积极的人像太阳，走到哪里哪里亮。”悲观的人终日感到世界末日来临，愁容满面，心情压抑；乐观的人总会看到希望，感到幸福，享受快乐。此外，他们不仅能够自得其乐，而且还能够将自己的快乐与幸福感染周围更多的生命。

快乐的笑容是室内的阳光。爸爸声声严厉下的期盼，妈妈默默慈爱中的爱抚，情人脉脉含情间的流连，朋友真真切切的关心，一个眼神、一抹微笑，正犹如一道道阳光把我们团团包围起来，倍感温暖。太阳每天都是新的，我们要感谢生活的精彩，感谢身边的一切。如果我们每天都在斤斤计较，那么我们会觉得身边事情总不大如意，如果这样，那只会让我们

远离自信，令我们失去快乐，错过身边的幸福。记得爱因斯坦曾说过，真正的快乐是对生活的乐观，对工作的愉快，对事业的兴奋。想做一个简单的快乐人，就做一个热爱生活、认真工作、喜爱学习的人，做一个时时感受生命，时时笑容满面，时时让别人幸福、感动、快乐的人吧！

（关少冰）

萨克雷(1811~1863)，19世纪英国批判现实主义文学的代表作家之一，因创作的《势利者集》、《名利场》等小说而叱咤文坛。

有一对美国夫妇，他们家有一间没人住的房间，妻子每天天黑后都要打开那间房子的灯。开始时丈夫不解地问妻子，为什么要打开那个房间的灯，妻子笑而不答。在丈夫再三追问下，妻子终于拉着丈夫来到那间屋子的窗前，对丈夫说："你没发现吗？有一对捡垃圾的夫妇靠着咱们家的灯光，每天都在楼下把捡来的垃圾整理好。看着他们整理垃圾时带着的快乐笑容，我觉得心里暖洋洋的，感到无比的快乐。只要他们需要这点灯光，我就会永远为他们点亮。"听完妻子的话后，丈夫露出了发自内心的快乐的笑容。

紫罗兰把它的香气留在那踩扁了它的脚踝上。这就是宽恕。

——[美] 马克·吐温

"紫罗兰把它的香气留在那踩扁了它的脚踝上。这就是宽恕"出自美国幽默大师马克·吐温。大意是说，紫罗兰对于踩扁它的脚踝，不但没有生气，反而还把香气赠给脚踝，让它把香气带走。作家以紫罗兰这一高贵品性来告诉人们要有一颗宽容之心，懂得宽恕别人。

有容乃大。紫罗兰给人踩扁了尚能带来香味，更何况是我们人呢？一个人想要过得开心，需要有一颗宽容的心。如果不懂得宽恕别人和自己犯下的一些过错，伤害永远留存在我们的内心深处。唯有学会宽恕，才能让我们坦然快乐地面对生活。

如果说别人的过错是对你的伤害，那么宽恕就是治疗伤害的良药。宽恕，在书本上，我们很早就学习过了，但是要在生活中学习宽恕，又何其难！不过，亲爱的朋友，如果你拥有了宽恕，你就拥有了一种神奇的力量：

宽恕，能融化冬日的坚冰；

宽恕，能催开春天的花朵；

宽恕，能修补深深的隔阂；

宽恕，能架起友谊的长堤。

宽恕，需要平静的心境，需要站在别人的角度去思考问题。每个人犯了错误都希望能得到别人的原谅，宽恕过后，原谅者不必记恨，被原谅者良心可以得到安慰。就像马克·吐温所说的那样，紫罗兰把它的香气留在那踩扁了它的脚踝上，这就是宽恕。保持一颗宽恕的心，生活将充满香气。

（吴亚枚）

马克·吐温(1835~1910)，原名塞缪尔·兰亨·克莱门斯，马克·吐温是他的笔名。他集幽默大师、小说家、作家、演说家于一身。马克·吐温的作品语言风趣幽默，讽刺性强。代表作有《汤姆·索耶历险记》、《哈克贝利·费恩历险记》、《竞选州长》等。

马克·吐温幽默、滑稽、诙谐，夸张得要命，可又坦诚真实，有时还带点刺儿。他的作品美国味儿很足，男女老少都喜欢读。但是马克·吐温的成名之路却是很艰辛的，他的幽默语言曾被认为是“低俗的”，他的作品也曾被批得体无完肤。马克·吐温究竟是一个不同凡响的作家还是一个只会写“低俗”东西的作家？这个问题一直在争论。但是马克·吐温并没有因此而责备他人，相反，他继续创作了很多不朽的作品。在平时生活中，他的幽默也是很经典的。

一次偶然的机会，马克·吐温与雄辩家琼西·M.得彪应邀参加同一晚宴。晚宴安排有一场席上演讲。

席上演讲很快开始了，琼西·M.得彪站起来滔滔不绝，情感丰富地讲了20分钟，赢得了听众一片热烈的掌声。接着就轮到马克·吐温演讲了。

只见马克·吐温慢慢地站起来，面带难色地说：“诸位，实在抱歉，在会前琼西·M.得彪先生和我约好了，我们俩在演讲时互相交换稿件，用对方的稿演讲，所以诸位刚才听到的是我的演讲，衷心感谢诸位认真的倾听及热情的捧场。然而，我很抱歉，不知何故，我找不到琼西·M.得彪先生的讲稿了，因此我无法替他讲了。请诸位原谅我坐下。”

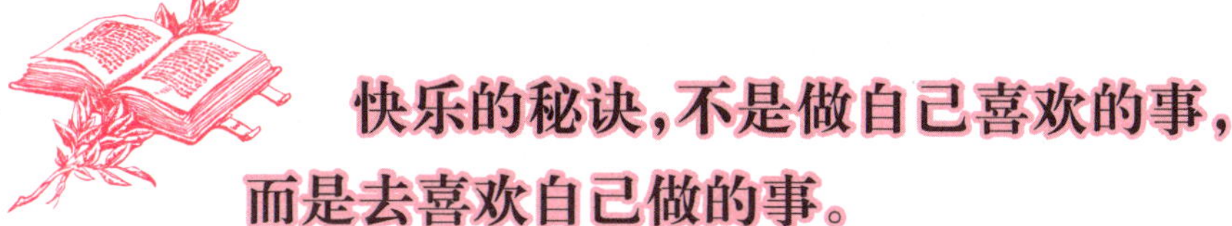

快乐的秘诀，不是做自己喜欢的事，而是去喜欢自己做的事。

——[英] 詹姆斯·马修·巴利

“快乐的秘诀，不是做自己喜欢的事，而是去喜欢自己做的事”是詹姆斯·马修·巴利从他的人生历程中总结出来的一句话。他告诉我们这样的一个道理：要想永久地保持一种快乐的心态，重要的是学着去喜欢自己正在做的每一件事。

当我们在做自己喜欢的事时，心情是非常愉快的。就算喜欢的那件事情是烦琐或者艰难的，也还是会觉得很快乐。

可是，在缤纷错杂的社会里，每个人都要扮演不同的角色，承担不同的责任。当我们要面对众多别无选择而又不得不去做、甚至会是毕生从事的事情时，我们该以什么样的态度去对待呢？不管一切后果，草率完成？唉声叹气，满腹怨言？抑或宁愿抱疚终生也不愿顾之……不，这样做除了收获痛苦，我们将一无所得。

既然外部条件无法改变，很多事情在所难免，那我们何不改变一下自己的心态，尝试着去喜欢自己正做着的事呢？我们先慢慢地从原本不喜欢的事情上找到值得欣赏值得投入的地方，假装自己做这件事的时候很快乐。过一段时间后，我们就可以惊奇地发现自己真的喜欢上了自己

正在做的事！无形之间，快乐就真的成了伴随我们一起欢笑的影子，一生不离不弃。

（黄莉梅）

詹姆斯·马修·巴利（1860~1937），英国著名小说家、剧作家。詹姆斯创作的许多作品都享有盛誉，特别是童话故事和童话剧。1904 年舞台剧《肯辛顿公园里的彼得·潘》首演后大获好评，由这部幻想童话剧改编成的小说是巴利知名度最高的代表作，后改编成电影《小飞侠彼得·潘》，成为最受伦敦儿童欢迎的电影之一。

玛丽是一名普通的打字员，刚开始的时候她像所有的打字员那样，对枯燥乏味的打字工作提不起一点儿热情。她曾多次想换工作，可严峻的就业形势以及自身条件的限制使得她不得不继续做着这份工作，因此她的心情常常是郁闷的。

有一次，经理把一份有个别打印错误的资料扔到玛丽的面前，要求玛丽重新将内容输入电脑。玛丽跟经理争论说："只需要将错误的地方修改过来就可以了，完全没有必要重新打一次啊！"经理没有留下任何商量的余地，硬性要求重打。当时玛丽愤懑的心情是可想而知的。在枯燥的工作进行中，玛丽突然觉悟："愤懑也好，快乐也好，工作还是要完成的，我何不尝试着去喜欢它呢？"于是，玛丽换着一种喜欢的心态去对待，慢慢地，她发现了打字过程中许许多多被忽略的乐趣，自己也随之变得快乐起来了。

令玛丽意想不到的是，她快乐的情绪也感染了公司的其他人，工作也变得轻松愉快了。不久玛丽就被提升为经理。

爱在左，情在右，走在生命的两旁，随时播种，随时开花，将这一径长径点缀得花香弥漫，使得穿花拂月的人踏着荆棘，不觉痛苦，有泪可挥，不觉凄凉。

Part Seven

哲理篇·蒙娜丽莎的微笑

一句句话细心品读，宛如在初夏的清晨，推开窗户寻找真理和智慧的源泉，宛如在漆黑的夜空中，点亮一盏轻松而潇洒的生活明灯，照亮自己的人生道路。这笔丰厚的精神财富，让你知晓人生规律，领悟生活真谛。

江畔何年初见月，江月何年初照人。人生代代无穷已，江月年年望相似。不知江月待何人，但见长江送流水。

——(唐)张若虚

“江畔何年初见月，江月何年初照人……”出自唐代诗人张若虚的《春江花月夜》。意为：江边上什么人最初看见月亮，江上的月亮哪一年最初照耀着人？人生代代无穷无尽，只有江上的月亮年复一年没有变化。不知江上的月亮在等待什么人，但月下只有滔滔不绝的长江水。

面对短暂的生命，有人尝试着寻找长生不老之药，有人则碌碌无所作为，还有人则只剩下埋怨。当然，与永恒的月亮相比，人类的生命是何其的短暂，于是生离死别也是常事，即使是贵为帝王天子也无能为力。所以，人生在世，何不尝试着用有限的生命去创造无限的价值呢？人的生命是有限的，但人的价值是无限的。君不见，一部《论语》让世人记住了孔老夫子，一部《史记》为世代叹服司马迁的顽强不屈，一部《红楼梦》让人认识了举家食粥的曹雪芹，一部《堂吉珂德》让人惊讶于塞万提斯的睿智。在这些不朽的名著中，我们看到的不仅是其人，更重要的是其人格精神以及智慧魅力。即使时间老去了,但是其精神从不随时光的流逝而消逝,反而随着时间的流逝,越显得不朽。

生命有限,人生无常,但用有限的生命去创造无限的价值,你就成了人类历史长河中最耀眼的那颗明星,并且永远闪烁不熄,让人敬仰、叹服。

(汤珍榕)

张若虚(约660~约720),扬州人,唐代诗人。中宗神龙年间,与贺知章、张旭、包融齐名,号“吴中四士”。仅存诗二首。《春江花月夜》写春夜江边望月之感,融入对宇宙、人生的思考,章节和谐流转,历代传诵。

名话故事

三国时期有个著名的将军叫吕蒙。他小的时候家里很穷,靠姐夫接济生活,没有机会读书,后来跟着姐夫打仗,由于勇敢杀敌,多立战功,最终得到了孙权的赏识。目不识丁的他以为凭勇敢就能打天下。有一次,孙权很认真地对吕蒙说:“你现在是国家的栋梁,要好好读书啊。”吕蒙笑嘻嘻地回答说:“我现在整天打仗,忙得很呢,哪里有时间读书啊!”孙权听后严肃地对他说:“我这个当国王的要比你还忙吧?我读了那么多书还嫌不够用,现在还抽空读许多史书和兵书,很有好处啊。你看现在曹操这么老了,还很好学呢,你可不要把我的话当玩笑啊。”

从那以后,吕蒙下定决心,一有空就读书,学识长见得很快。有一次,当时的大知识分子鲁肃和吕蒙一起讨论国家大事,鲁肃常常被吕蒙问得不知道该怎么回答。鲁肃高兴地轻拍吕蒙的背说:“以前我以为你这个大老粗只是在军事方面有本事,现在才知道原来你学问也很好啊,看来,你再也不是以前吴下(吴国)的那个阿蒙了!”吕蒙听后很自信地笑着回

答："士别三日，当刮目相看，你怎么能用老眼光看我呢。"后来，吕蒙成为三国时期"文武双全"的将军。

读书成就了吕蒙的不朽。

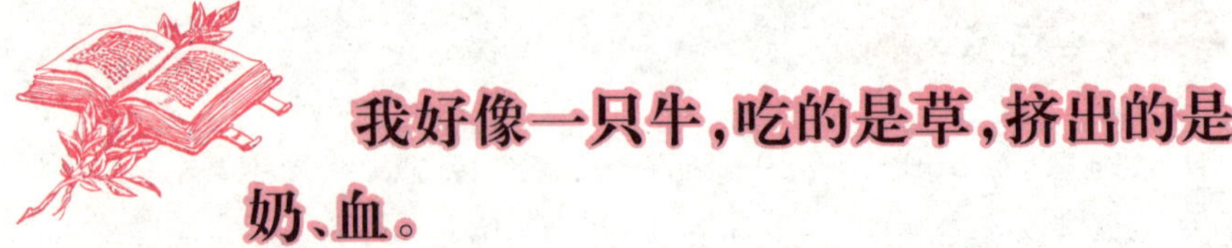

我好像一只牛，吃的是草，挤出的是奶、血。

——鲁　迅

"我好像一只牛，吃的是草，挤出的是奶、血"一句，记载于鲁迅的夫人许广平的《欣惠的纪念》一书里。鲁迅以勤恳无私的牛自喻，体现了鲁迅先生自我要求小，对社会奉献大的高风亮节。

鲁迅先生的笔，犹如锋利的匕首，带着冲破黑暗的呐喊，刺向一切腐败、堕落，让敌人心寒，让人民醒悟，也让众多觉醒者无畏奋进。同时，他十分赞赏牛的精神，曾作诗曰："横眉冷对千夫指，俯首甘为孺子牛。"勤劳的牛，为人俯首劳作一生，却从不向人索取分毫，更没有向人企求什么，只以自己的生命默默耕耘，终生奉献。鲁迅先生正是如此，为了医治国人的灵魂，唤醒沉睡的国民，如同一只无私而顽强的牛，"将血一滴一滴地滴过去，以饲别人，而自感到快乐"，并忘我地拉动着时代的车轮向着光明奋力前进，从不退缩。

在漫长的历史长河里，有的人被唾弃万年，有的人名留千古。真正的伟人之所以伟大，并不是因为他拥有很多，而是因为他贡献很多。著名诗人臧克家就曾感慨地说：“人民的爱憎是分明的，对于为革命做过杰出贡献的人，人民是永远不会忘记的。”人生就如同一部鸿篇巨著，我们怎么才能在翻阅昔日之岁月时不感到遗憾彷徨呢？“我以我血荐轩辕”，唯有以自己的一颗赤子之心，为祖国为社会为人民群众去努力书写美丽的篇章，生命之书才能拥有动人的墨香和厚重的分量。

（柯德铭）

详见前文第168页。

20世纪60年代，我国原子弹、氢弹相继研制成功。这不仅使全国人民为之振奋，还使敌视中国的人为之震惊。两弹的成功发射，极大地提高了我国的国力和国际地位，有效地巩固了我国的国防。然而，最初极少人知道是谁研制了两弹。

1958年，国家下达了研制原子弹的命令。这是一项绝对保密的工作。年轻的邓稼先被选为主要研制者之一。他深感自己责任重大，说：“为了完成这项任务，死了也值得。”从此，他开始了秘密的研制工作，人们再也看不到他的身影，一切出头露面的事都没有他参加，连他的妻子和亲人也不知道他在哪里工作，在做什么。他也只能把对亲人的感情埋在心里，过着长期的独身生活。和他同时代的同学，有许多已是极富名气的科学家、活动家，他的名字却没多少人知道。

后来，原子弹、氢弹爆炸成功，人们仍然不知道邓稼先就是两弹的元勋。有一次，他的好友、美籍华人科学家杨振宁回国探亲，点名要见他。

两个人会面后，杨振宁问他在哪里工作，又问起爆炸原子弹的事。他只能回答是在京外单位工作，丝毫没讲自己正是造原子弹的。长期艰苦的工作损害了邓稼先的身体。1986年，他患癌症病逝。一直到报上发布了他去世的消息，全国人民才知道邓稼先这个名字。他不图个人的名和利，舍弃了个人的幸福，几十年默默无闻地为国家大业奋斗，却从不后悔。临终前，他欣慰地说："我可以瞑目了。"

让我做一块木材吧，我愿意把我从太阳那里受到的热放散出来，我愿意把自己烧得粉身碎骨给人间添一点点温暖。

——巴　金

"让我做一块木材吧，我愿意把我从太阳那里受到的热放散出来……"是巴金老人的肺腑之言。大意为：做一块不起眼的木材我也是愿意的，只要能为这个社会贡献哪怕是一点点温暖，我也会感到心满意足。从这句话中我们可以感受到巴金谦虚正直的美德，一个不惜牺牲个人换取他人幸福的高大形象挺立于天地之间。

人生，犹如白驹过隙，在生命消散的瞬间，这个世界是否摄取了你的笑容？历史的沧海茫茫，人如一粟，能化作蝴蝶飞过这片沧海，纵使折翅也无悔；拣尽寒枝不肯栖的鸦雀谁说它们不知道寂寞沙洲冷？只是因为生命的价值还得不到明证。人应该像蝼蚁一样活着吗？还是应该活出自己的精彩？证明生命的价值不是白羽鸿毛般轻浮，也不会如蜻蜓点水般肤浅。

怎样活出自己的精彩？一个人是否能够得到他人以及社会的认同，很重要的一点就是必须懂得贡献的含义。对他人为社会作贡献，虽然会苦，会累，但贡献与回报往往是对立又统一的，在最后收获的必然是充实的幸福，生命的价值也在悄然实现。哪怕人生再短，只要你为这个人世带来了快乐，你也是幸福的，生命自然会显现它饱满圆融的美，因为你的价值早已在贡献中加码。当你送给别人一缕春风，可能别人就会回报你一个缤纷的花园；当你为历史付出一年的光阴，说不定历史就会回赠你一千年的记忆；当你为社会作出贡献，社会也会回送你应得的尊敬。人生因贡献而变得有意义。

如果你是鲜花，就用你的美丽和芳香装点这个世界；如果你是树，那么就好好绿化每一片荒漠；如果你是木材，就尽情燃烧，释放热量，温暖人间。

（柯小莺）

巴金(1904~2005)，原名李尧棠，四川成都人，现当代著名作家，曾任中国作家协会主席。代表作有《家》、《春》、《秋》、《憩园》、《寒夜》等，其作品被译成多种文字出版。被鲁迅称为“一个有热情的有进步思想的作家，在屈指可数的好作家之列的作家”。

名话故事

2005年,有一个名字使许多中国人感动得潸然泪下。它,就是“丛飞”。

1969年,丛飞出生于辽宁省一个贫困家庭,小时候常常因为交不起学费而被赶到教室外边罚站。中学时,丛飞最终因为无钱交学费而辍学。失学后的他并没有对生活失去信心,凭着自己独特的嗓音和拜学名师,丛飞发展成为一名职业歌手,靠出席一些商业演出维持生活。

有一次,丛飞又应邀参加一场慈善义演。倾情演出完后,他还慷慨地掏出了自己随身所带的2400元,悉数捐了出去。当时主持人感动地说:“你捐出的2400元可以让20个失学的儿童完成两年的学业。”丛飞听完后,想起自己苦难的出身,深有感触。从那一刻起,他就下定决心要用自己的行动帮助更多失学的孩子。这以后,他先后20多次亲赴贵州、四川和山东等地进行慈善义演,为当地失学儿童筹集学费。除了把自己的演出收入捐给慈善事业外,他还认养了30多个孤儿、贫困学生。

因为慈善活动,频繁的演出并没有让丛飞过上富裕的生活,反而严重损害了他的身体。而且由于频频的公益事业和慈善活动,丛飞的经济状况也出现了窘态。他可以几千几万地救助别人的孩子,却交不出亲生女儿的幼儿园学费。为此,妻子不能理解,连他的父母也不能理解儿子的行为。

不管别人怎么看,怎么说,丛飞还是一如既往地默默继续着他的无私奉献事业。无论哪一次出现在舞台,他都会这样向人自我介绍,“我叫丛飞,来自深圳,义工编码是2478。能对社会有所奉献,能对他人有所帮助,我感到很快乐。”在长达11年的慈善资助中,丛飞捐献并筹集了上百万元的善款,资助了178个失学的孩子。

2005年,丛飞被评为年度感动中国人物。从此,不仅是深圳市,整个中国的人们都记住了这个温暖的名字,那张有着亲切和善笑容的脸。

2006年,爱心大使丛飞因为胃癌救治无效,与世长辞。

作为一名普通歌手，也许你叫不出丛飞的名字。但是，作为一个有着伟大人格和崇高精神的人，丛飞，是名人里当之无愧的一位楷模。他就像一枝洁白的蜡烛，默默地燃烧了自己，把换来的所有光明、温暖，无偿地奉献给这个社会。中国，将永远不会忘记他这一个优秀的儿子！

有的人活着，他已经死了；有的人死了，他还活着。

——臧克家

“有的人活着，他已经死了；有的人死了，他还活着”出自臧克家的诗歌名篇《有的人》。《有的人》是臧克家先生在 1949 年 10 月 19 日参加鲁迅逝世 30 周年纪念活动时写的，它高度颂扬了永垂不朽的鲁迅先生。

人生的长度是有限的，但人生的宽度和深度却是无限的。人可以在短暂的一生里做很多有意义的事，也可能在漫长的一生里碌碌无为。前者人生充实，为人称颂甚至流芳百世；后者则人生空虚，甚至留下千古骂名。

鲁迅先生是个为国家事业和人民命运鞠躬尽瘁的人，他一生都在为人民为革命奔波劳累，“虽九死其犹未悔”。这样的人，身上闪烁着人民

的全部信仰和敬意，即使离开了，精神也永远存在，为后人歌颂传承。

“人固有一死，或重于泰山，或轻于鸿毛。”既然活着，就要活出意义来，要在有限的生命长度里，永不停歇地做有意义的事情，让生命开出美丽的花朵。

（李育梅）

臧克家(1905—2004)，字士光，号笑荃，笔名少全、何嘉等。著名诗人、作家。“五四”时期开始习作新诗，读书期间得到过闻一多、王统照的指导和鼓励。他的作品大多带有比较强烈的政治色彩和农村气息，风格明朗、真实、不事雕琢。代表作有《老马》、《三代》、《有的人》等。

鲁迅先生是我国伟大的文学家、思想家、革命家和教育家。他一生热爱祖国和人民，为中国革命鞠躬尽瘁。在他40岁左右，胃病、胸膜炎、肺结核多次缠上了他，但他却全然不顾，仍一心一意地为革命伏案奋笔。

有一次，他刚回信婉言谢绝宋庆龄苦口婆心劝他停止工作到国外治病，一封攻击共产党、离间他和共产党关系的信又飞到他的手上。他满腔愤怒，但却又无奈病情太重无法动笔。恰巧冯雪峰来看他，他立刻从枕头底下摸出那封信，铁青着脸递给冯雪峰看。冯雪峰看完信后，出于对他病情的忧虑，就沉住气安慰他等病好些了再提笔还击他们。但冯雪峰走后，鲁迅依然义愤难平。等到冯雪峰几天后再访时，他便口述自己满腔的激动，让冯雪峰笔录。这让冯雪峰敬佩不已。

鲁迅就是这样，无论什么时候，他都把革命事业置之首位，直至病危离世。

一些事情，当我们年轻的时候，无法懂得。当我们懂得的时候，已不再年轻。世上有些东西可以弥补，有些东西永无弥补。

——毕淑敏

“一些事情，当我们年轻的时候……”出自毕淑敏的名篇《孝心无价》。毕淑敏是一个富有感情的出色作家。她以前当过医生，有着天使般的爱心。她的作品有着生命的厚实以及强烈的人文关怀，足以震撼每一个人的灵魂，而冷静理智的叙述，使她的作品具有一种罕见的磅礴大气。

人生是一个不断领悟的过程。年少易轻狂，年轻的我们总会自以为是地挥霍许多东西。例如时间、青春，或者亲人之间的脉脉温情；很多时候，我们可以毫无顾忌地伤害身边最亲的人，并对他们的宽容视而不见。可是，随着我们的长大，我们经历跌倒，经历疼痛，甚至伤害与背叛。当我们已不再年轻的时候，蓦然回首，我们会惊异曾经的无所顾忌，会追悔，会留恋。只是，为什么，我们不能在拥有的时候学会好好珍惜与知足，学会用

一颗宽容、感恩的心去生活，减少对最亲的人的伤害呢。朋友，愿我们的生活充满爱，充满阳光，愿我们在懂得的时候没有悔恨的叹息。

（叶小玲）

名话名人

详见前文第73页。

名话故事

唐朝时期，有一位官员叫狄仁杰。他从小出身贫寒，但由于其勤奋好学，后来做了唐朝丞相。在位期间，他秉政爱民，深受朝野上下尊敬。他的同僚奉诏出使边疆之际，不料其母亲刚好得了重病，如果这样离去，无法在身边侍候，实在是不孝之行；然而王命难为，于是他心中感到非常的悲痛。狄仁杰知道后，特此奏请皇上改派别人。后来有一天，狄仁杰出外巡视，途经太行山。他登上山顶叹了口气，然后对他的随从说，“我的亲人就住在白云底下”，说完便不禁流出了思亲之泪。那一天，据说他在太行山徘徊了很久也没有离去。

即使翅膀断了，心也要飞翔。

——张海迪

“即使翅膀断了，心也要飞翔”出自中国残联第五届主席团主席张海迪之口，句子铿锵有力，体现了一种勉强拼搏，不屈不挠的精神。

人生是一段寻找探索的过程。在人生路上，我们犹如飞行于生命航线的鸟儿，飞翔是我们不可舍弃的使命，飞越大海到达成功的彼岸成为我们最大的愿望。远方的天空是什么颜色？茫茫大海的那边又是什么风景？我们无从估计，唯有不断地飞翔。生活的道路并不是一帆风顺的，总会遇到种种的挫折。挫折是人生的试金石，懦弱的人很容易屈服，只有坚强，继续顽强战斗，才能最终见到人生美丽的彩虹。古人曾言：“天将降大任于斯人也，必先苦其心志，劳其筋骨，饿其体肤，空乏其身，行拂乱其所为，所以动心忍性，增益其所不能。”面对上天给予我们的挫折，我们唯有像贝多芬那样扼住命运的喉咙，方可成就自己的辉煌。

（邓咏梅）

张海迪，1955 年生，山东济南人，1981 年毕业于吉林大学哲学系，

曾任第十一届全国政协常委，中国残联第四届主席团副主席，现任中国残联第五届主席团主席。

名话故事

张海迪5岁时不幸患上脊髓病，胸部以下全部瘫痪，失去了上学的美好机会。在残酷的命运面前，她并没有沮丧和沉沦，而是以顽强的毅力和恒心与疾病作斗争，她自学小学、中学全部课程以及大学英语、日语、德语等各种语言。后来，张海迪开始从事文学创作，编著了《向天空敞开的窗口》、《轮椅上的梦》、《生命的追问》等书籍，其中《生命的追问》荣获了全国“五个一工程”图书奖。与父母在农村生活的期间，她处处为百姓着想，为百姓办好事。她经常帮助学生学习、补衣服；当发现村里医疗条件差时，她又自学《人体解剖学》、《内科学》等医疗知识和技术，然后自己掏钱买药品给村里的人治病。张海迪以顽强的精神不断拼搏进取，感动了上千万中国人。对此，邓小平同志曾亲笔题词：“学习张海迪，做有理想、有道德、有文化、守纪律的共产主义新人！”

黑夜给了我黑色的眼睛，我却用它寻找光明。

——顾　城

"黑夜给了我黑色的眼睛，我却用它寻找光明"出自顾城的名诗《一代人》。黑夜，吞噬了光明，但眼睛不可能屈服于黑夜的淫威，它有着对光明的永恒追求，它激发了人们的勇气，带来冲破黑暗的巨大力量。因而这首诗不是对黑暗的绝望，而是对光明的向往，是一个充满激情的宣言。

理想是美好的，现实是残酷的。确实，现实常会给为理想而奋斗的人们带来沉重的打击，让他们在黑夜中四处碰壁。或许有人因此谈"黑"色变，但别忘了是"黑夜给了我黑色的眼睛"，黑色灵动的眼睛里闪烁着拒绝黑夜、追求光明的智慧。与其埋葬于现实的痛苦，沉溺于理想世界中，不如在黑夜里生长自己的翅膀，在阳光穿透黑夜的刹那展翅高飞。无论黑夜多么的漫长，黎明总会在黑夜的尽头微笑地等待万物的到来。只要有永不放弃的精神，心中怀有追求光明的信念，阳光总会在你抬头的一瞬间拥抱你。

潮起潮落，构成大海的气魄；雨淋日晒，造就了松柏的伟岸；黑夜磨炼，成就人生的辉煌。经历寒夜的洗礼后，盛放的花最香；在磨炼中成长

起来的新一代，一定会创造出更辉煌的明天。

（黄莉梅）

顾城（1956~1993），北京人，朦胧诗派的主要代表诗人。顾城主要著作有诗集《舒婷顾城抒情诗选》、《白昼的月亮》、《黑眼睛》、《北岛、顾城诗选》和小说《英儿》等。《一代人》发表于《星星》（1980 年第 3 期），只有简短的两句话，却轰动了整个诗坛，顾城也因此一举成名。

他出生在寂静荒野上一座孤单的小木屋里。

17 岁那年，他已经什么农活都能干了，经常帮人打零工。

22 岁那年，他经商失败。

23 岁那年，他竞选州议员，但落选了。想进法学院学法律，但进不去。

24 岁那年，他向朋友借钱经商，结果年底宣告破产。接下来他花了 16 年，才把这笔债还清。

29 岁那年，他努力成为州议员的发言人，没有成功。

31 岁那年，他争取成为被选举人，落选了。

34 岁那年，他参加国会大选，又落选了。

37 岁那年，他再次参加国会大选，这次当选了。

39 岁那年，他寻求国会议员连任，失败了。

40 岁那年，他想在自己所在的州内担任土地局长，被拒绝了。

45 岁那年，竞选参议员，落选了。

47 岁那年，在共和党的权贵代表大会上争取副总统的提名，结果得票不到 100 张，失败了。

49 岁那年，他再度参选参议员，再度落选。

他是谁？他就是林肯，美国第 16 任总统，一个令全世界都为之叹服的伟人。

他对自己的评价是：虽然心碎，但依然火热；虽然痛苦，但依然镇定；虽然崩溃，但依然自信。因为我坚信，对付屡战屡败的最好办法，就是屡败屡战、永不放弃。

走自己的路，让别人去说吧。

——[意] 但　丁

“走自己的路，让别人去说吧”出自意大利文学家但丁的代表作长诗《神曲》。其意在强调人要有自己的主见，不要因他人的看法而轻易改变自己的主意，要学会坚持自己的方向。

在社会这个大舞台上，我们都是主角，无时无刻不在上演着自己的戏份，每个人都在为自己的理想拼搏着。现代社会精彩缤纷，我们总会面临很多的选择，但每个人的能力都是有限的，如何把有限的精力投入到无限的事业中去，找到一条属于自己的正确道路就显得尤为重要。因为，正确的方向等于成功了一半。走自己的路，就是要找到一条适合自己发展的正确之路。

面临选择，我们犹豫，不知所措。一旦选择了，决定了，就要义无反顾地走下去。面对苦难、诱惑，我们应该要有自己做人的原则和做事的主见，如果一味地征求别人的意见，在乎别人的看法、态度，那么我们行动起来就会受到很多的束缚，做起事来就会畏畏缩缩。如果前怕狼后怕虎，终究什么大事也做不了，这样的人会活得很累，也无法实现人生的目标。

俗话说，无志之人常立志，有志之人志不移。坚持的人不一定能胜利，但胜利的人都是坚持的。走自己的路，让别人去说吧，坚定地坚持自己的理想，坚持自己的信念和意志。相信有了理想、有了坚持不懈的努力，成功就在不远处。

（杨春花）

但丁(1265~1321)，意大利诗人，被恩格斯誉为“中世纪的最后一位诗人，同时又是新时代的最初一位诗人”。现代意大利语的奠基者，欧洲文艺复兴时代的开拓人物之一。以长诗《神曲》留名后世。

在法国，有一个著名的风景旅游点，它是一群叫做“邮差薛瓦勒之理想宫”的城堡。这群城堡有个动人故事：有一个叫薛瓦勒的邮差每天都奔走在乡间，给乡亲们送信。有一天，他在路上被一块石头绊倒了，他发现绊倒自己的那块石头非常漂亮，于是就顺手放进了包里。晚上他躺在床上把石头拿出来左看右看，突然产生了一个想法：“如果用这么美丽的石头去建造一座城堡，那将会多么迷人啊。”

从此以后，他每天去送信的时候都会寻找一块美丽的石头带回家。不久，他就收集了一大堆奇形怪状的石头。人们对于他的行为都无法理解，还经常嘲笑他。但是他没有放弃，白天送信时仍然坚持寻找一块美丽的石头，晚上休息时他就思考怎样构建美丽的城堡。

20年过去了，他在房子旁边慢慢建起了一些高低不齐的漂亮的城堡。直到有一天，有一位记者无意中发现了薛瓦勒的美丽城堡，写了一篇报道，薛瓦勒和他的城堡才被世人知道。直到今天，我们还能在城堡入口处的一块石头上看到这样一句话：“我想知道一块有了愿望的石头能走多远。”据说，这就是当年那块绊倒薛瓦勒的石头。

有了梦想，就去构建，即使你的梦想在旁人看来是多么的不可思议，但是关键的是你已经行动！走自己的路，让别人去说吧！

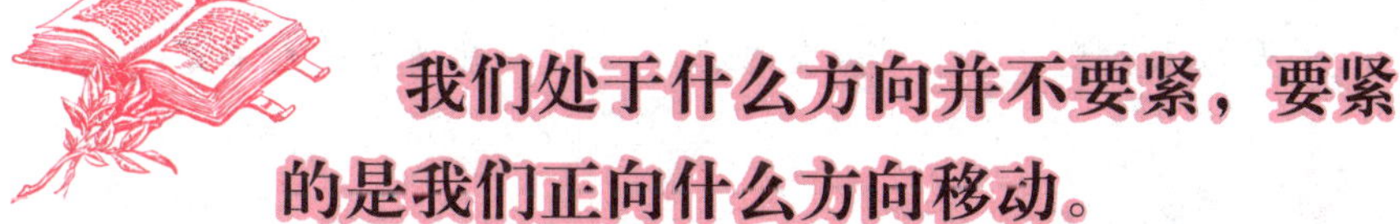

我们处于什么方向并不要紧，要紧的是我们正向什么方向移动。

——[意] 哥伦布

“我们处于什么方向并不要紧，要紧的是我们正向什么方向移动”是意大利著名航海家哥伦布的经典语录。句子看似平淡，然而却富含哲理。它在告诉人们，在前进的路上要懂得目标的重要性。

人生在世，有的人成绩平平，有的人则特别优秀；有的人生活贫困潦

倒，有的人则富足殷实。由于经济或先天条件的差异，每个人的人生起点总是不一样，因而所处的位置也不一样。也许我们的家庭并不是很富裕，所处的经济起点也很低，然而大可不必气馁。因为正如哥伦布所说：“我们处于什么方向并不要紧，要紧的是我们正向什么方向移动。”

如果我们起点很低，那么请勇敢地抬起头。自古“英雄莫问出处”，汉高祖刘邦原为一个小小的泗水亭长；明高祖朱元璋曾为一个讨饭和尚，他们都是出生贫困，然而最后却成为万人之上的一代君王。出身只能说明我们所处的方向，只要我们前进的方向明确，努力奋进，最终必定会战胜困难，寻找到属于自己的一片新天地。

（袁春常）

名话名人

哥伦布（约 1451~1506），意大利航海家，一生从事航海活动，相信地圆说。在西班牙国王支持下，曾先后 4 次出海远航。后因发现了美洲大陆，开辟了横渡大西洋到美洲的航路，成为名垂青史的航海家。

名话故事

哥伦布是意大利有名的航海家。1492 年，哥伦布受西班牙国王派遣，带着给印度君主和中国皇帝的国书，率领三艘百十来吨的帆船，从西班牙扬帆驶出大西洋，直向正西航去。因连续几十天都在茫茫大海上漂泊，同伴感到十分害怕，忙问哥伦布船队现在所处的方向。哥伦布听了，轻轻笑道：“我们处于什么方向并不要紧，要紧的是我们正向什么方向移动。”经过 70 多个昼夜的艰苦航行，船队后来终于发现了陆地。此后他又三次重复他的航线，又登上了美洲的许多海岸。经后人研究，当时哥伦布发现的那块土地属于现在中美洲巴勒比海中的巴哈马群岛。哥伦布发现了美洲新大陆，从此他成为名垂青史的航海家。

假如生活欺骗了你，不要忧郁，也不要愤慨！不顺心的时候暂且容忍：相信吧，快乐的日子就会到来。

——[俄] 普希金

“假如生活欺骗了你，不要忧郁……”出自普希金的著名诗歌《假如生活欺骗了你》片断四，该诗是作者在被俄国沙皇统治阶级幽禁期间为奥西波娃15岁的女儿姬姬所作。诗歌体现出诗人虽遭受幽禁，但仍然乐观向上的精神。

随着我们年龄的增长，会发现生活中有很多事情并不是童年所想象般的那么美好，甚至还有黑暗。于是，生活在挫折和希望之间拉锯进行。我们无法估计明天将会遇到什么，“如果生活欺骗了你，不要忧郁，也不要愤慨！不顺心的时候暂且容忍：相信吧，快乐的日子就会到来。”无论面对怎样的困难和挫折，欢乐的笑容终不会永远被忧伤所掩盖，幸福也不会永远没法获得。“阳光总在风雨后”，每一次困难的背后总蕴藏着巨大的成功，只要我们有着坚强的意志和奋斗的精神，成功的果实终会被我们所采摘。生活没有想象中那么美好，但也不会像想象中那样糟糕。如

果你面向阳光，阴影自然会落在你身后。

（袁春常）

普希金（1799~1837），俄国著名的诗人、小说家，19 世纪俄国浪漫主义文学主要代表，现实主义文学的奠基人，同时被誉为“俄国文学之父”。其代表作有《自由颂》、《乡村》和《太阳沉没了》等。

古时候，有一个住在边境城关的老头名叫塞翁。

有一天，塞翁家的马忽然跑到塞外去了。邻居们为他丢失了马而感到惋惜，都跑过来安慰他。可这塞翁一点也不着急，反而高兴地说：“丢失了一匹马没有关系，也许还会成为一件好事呢。”

过了几个月，他的马自己跑回来了，并且领着胡人的骏马回来了。人们都来恭喜他，塞翁说：“虽然我得到了一匹好马，但怎知道这不会是一件坏事呢？”

不久，由于他的儿子很喜欢骑马，有一次，不幸从马上掉下来折断了大腿。人们都来安慰他。可塞翁并不十分难过，他说：“这未必不是一种福气呢！”过了一年，胡人大举入侵，壮年男子都拿起弓箭去打仗。靠近边塞一带的人，十室九空，绝大部分的人都战死了。唯独塞翁的儿子因为瘸腿的缘故没有出征打仗，父子都保全了性命。

即使断了一条弦，其余的三条弦还是要继续演奏，这就是人生。

——[美] 爱默生

人生是丰富多彩的，有快乐，也有痛苦，生命是一部痛苦和欢乐共同演奏的交响曲。当遇到困难和挫折，我们就止步不前，这样的人生必将黯然无色。如果我们迎难而上，断了一根弦，其余三根弦还是继续演奏，弹出的将是最特别的声音。用三根弦演奏，尽管不够完美，却依然能够弹奏出美妙的乐章。这是一种乐观积极的生活态度。

只有不被困境吓倒，勇敢地面对生活的阴霾，人生才会灿烂无比。贝多芬失聪也能创作出伟大的乐章，爱迪生小时候被认为是低能儿，长大却成为伟大的发明家。当你被一种执著的信念所支撑，你将会成为钢铁战士。经历过一次次痛苦的洗礼，你会发现你越来越坚强。点燃心中的明灯吧，努力拼搏，向着远大的理想拼搏，向着美好的生活前进，让幸福最终取代痛苦。

生命即使断了一根弦，也能奏出最美丽的音乐。

（邓桂柱）

爱默生(1803~1882),美国散文家、思想家、诗人。1837年他的演讲词《论美国学者》,抨击了美国社会的拜金主义,强调人的价值,被誉为美国思想文化领域的“独立宣言”。文学批评家劳伦斯·布尔在《爱默生传》里说,爱默生与他的学说,是美国最重要的世俗宗教。

诺贝尔是世界著名的科学家。16岁时,他目睹了劳工开山凿矿、修筑公路和铁路都是用手工进行,体力劳动强度很大,于是他决定和父亲、弟弟一起发明一种叫“诺贝尔爆发油”的爆炸品。可人们都认为“危险”,没有人愿意出资合作。后来,法国皇帝拿破仑三世路易·波拿巴出钱办了一个实验所,他们父子才得到新的实验机会。不料在一次实验中,不幸的事件发生了,实验室和工厂全部被炸毁,还炸死了5个人,诺贝尔的弟弟也当场被炸死,父亲炸成重伤,从此半身不遂,再也不能和诺贝尔一起进行实验了。在沉重的打击下,他并未灰心丧气,决心制服“爆发油”的易爆性,造福人类。为了避免伤害实验周围的人,他把个人的生死置之度外,在朋友的资助下,租了一只大船在梅拉伦湖上,经过四年几百次的艰苦而危险的实验,就在硅藻甘炸药试爆的最后一次,他亲自点燃导火剂,仔细观察各种变化,当炸药发出巨大的爆炸声之后,人们惊吼:诺贝尔完了!……他顽强地从弥漫的烟雾中爬起来,满身鲜血淋淋,他忘掉了疼痛,振臂高呼:“我成功了!我成功了!”诺贝尔终于在1876年的秋天,成功地研制出了硅藻甘油炸药。

如果错过太阳时你流了泪，那么你也要错过群星了。

——[印度] 泰戈尔

“如果错过太阳时你流了泪，那么你也要错过群星了”出自泰戈尔的代表作诗集《飞鸟集》的第六节。它告诉我们，不要因为错失了一个机遇而懊悔不已，否则我们将会在懊悔的时候错失更多的机遇。

人的一生会遇上无数次机遇，对于所有的人来说，抓住机遇是成功的重要因素之一。但是机遇不是随时都有的，而且转瞬即逝，要想不错过机遇，我们平时就要多做准备，带着自信、向上的心去生活。

由于一些客观的原因，机遇来了，也许我们没能好好把握。这时候，就像泰戈尔所说的，我们不要为“错过了太阳而流泪”，因为就算错过了“太阳”，依然有“群星”照耀我们前进的路。虽然每一颗星星都比不上太阳发出的光亮，但星星这么多，只要不忽略每一颗小小的星星，集中起来，它们发出的光芒也会很耀眼。“太阳”只有一个，失去了就失去了，既然时间不能倒流，我们就应该学会将目光从“太阳”上移开，去寻找新的希望。只要我们不断地追求，保持乐观、积极向上的态度面对生活，挫折终会过去，机遇也终会来临。

（吴亚枚）

名话名人

详见前文第58页。

名话故事

邰丽华是当代有名的聋哑舞蹈家，她被人们称为“孔雀仙子”。

邰丽华小时候是一个很可爱的孩子，她有一幅很好听的嗓子，而且很快就学会了叫爸爸妈妈。看着这么可爱的女儿，邰丽华的父母对孩子的未来充满了憧憬。但是天有不测风云，在她两岁的时候，邰丽华生病发高烧，后来注射链霉素，当高烧退了，小丽华的听力也失去了。由于这么小就失去听力，没有了语言环境，到后来她连爸爸妈妈也说不出了。从此以后，她一直在无声的世界生活。

5岁时，邰丽华才发现自己与其他孩子不一样，她很伤心，天天哭。

7岁时，她进入聋哑学校学习。有一次上律动课，老师踏响木地板的象脚鼓，把震动传递给地板上的学生，让他们明白什么是节奏。邰丽华很为这些震动的节奏所吸引，从此以后，她爱上了节奏，也爱上了舞蹈，她觉得通过舞蹈可以表达她对生命的感悟。

邰丽华练舞很刻苦，很努力，即使是双腿因练舞摔得有了淤血也不在乎。正是凭着这种执著，这种天赋，邰丽华很快就脱颖而出。2000年，她担任群舞《千手观音》的领舞，一直跳到了现在。美国纽约的卡内基音乐厅和意大利斯卡拉打剧院——音乐家与舞蹈家至高无上的梦想殿堂，邰丽华成为我国唯一登上这两大世界顶级艺术殿堂的舞蹈演员。

当失去了听力和语言能力，邰丽华没有放弃自己，没有悲天悯人，而是靠着自己的努力，成功地实现了自己的人生价值。

世界上最快而又最慢，最长而又最短，最平凡而又最珍贵，最容易被人忽视，而又最令人后悔的就是时间。

——[苏联] 高尔基

名话赏析

时间是什么?时间是一条静静流淌的小河。如果我们不好好珍惜,那么它只会悄悄地流走;如果我们倍加珍惜,则它会为我们所用,为我们人生培加无限的精彩。转眼间,童年过去了,青年时代到来了;可一不经意,青年又将过去了,老年又快来了。正如朱自清在《匆匆》中所说:“洗手的时候,日子从水盆里过去;吃饭的时候,日子从饭碗里过去;默默时,便从凝然的双眼前过去。我觉察他去的匆匆了,伸出手遮挽时,他又从遮挽着的手边过去,天黑时,我躺在床上,他便伶伶俐俐地从我身上跨过,从我脚边飞去了。”光阴似箭,日月如梭。我们犹如一辆不断飞奔的火车,时间把我们的生命划成一个个方格,每天我们向远方奔驰着。有的人在生命的火车上呼呼大睡,昏昏地过了一天又一天;有的人则珍惜路上每一道漂亮的风景,不断地领略生命的美丽景色。

时间是无情的,它从不为任何人而停留;时间是公平的,它让每一个

珍惜它的人都能够充实地走完人生的每一步，创造生命的辉煌。

（陈凤至）

详见前文第 87 页。

鲁迅是我国近代伟大的思想家、革命家和文学家。他十分善于珍惜学习时间，一生都在与时间赛跑。他说："时间就像海绵里的水，只要你挤，总是有的。"鲁迅善于挤时间，是支配时间的勤奋者。他一生多病，工作条件和生活条件都不好，但他每天都要工作到深夜，第二天起床后，有时连饭也顾不得吃，又开始工作，一直到吃晚饭时才走出自己的工作室，实在困了，就和衣躺到床上打个盹，醒后泡一碗浓茶，抽一支烟，又继续写作。鲁迅习惯以各种形式鞭策自己珍惜时间，在他卧室的墙上挂着勉励自己珍惜时间的对联及最崇敬的人。鲁迅曾说："美国人说，时间就是金钱，但我想，时间就是生命，无端空耗别人的时间，其实是无异于谋财害命的。"

人可以被毁灭，但不可以被打败。

——[美] 海明威

“人可以被毁灭，但不可以被打败”出自海明威的中篇小说《老人与海》。在困难面前，我们可以牺牲自己的躯体生命，但是却不能放弃自己坚定的意志，因为失去了它，我们就失去了灵魂。“人可以被毁灭，但不能被打败”，被老渔夫升华到了生命尊严的高度，透露出一种闪着光芒的人性骄傲与自尊。

人生就像大海，每个人就像漂浮在大海中的一条航船，旅途充满了艰险和坎坷。海明威为我们塑造了这样一个人生坐标：对困难的顽强，对目标的执著。现实生活中，我们可以看到不少努力奋斗的成功者。NBA 著名球星艾伦·艾弗森带着全身 20 多处伤参加比赛，无数次被打倒在地，却无数次站起来，感动了无数球迷，也受到了无数球迷的爱戴。我们不得不感叹：胜利不仅属于那些没有倒下的人，而更应该属于那些倒下而又站起来的人。

2008 年 5 月 12 日，四川汶川发生 8.0 级地震，无数生命被掩埋了。中华民族同样需要拥有“可以被毁灭，但不可以被打败”的信心和勇气。大地震使美丽的家园瞬时变成一片废墟，其破坏力超过上世纪 70 年代

发生的唐山大地震。然而，中华民族的抗震救灾实践庄严地向世界昭示：地震可以震坏楼房、震毁桥梁，但震不垮伟大的中华民族精神。

（陈　柱）

海明威(1899~1961)，美国小说家，1954 年获诺贝尔文学奖，曾参加第一次世界大战。主要著作有《太阳照样升起》、《永别了，武器》、《伊甸园》等。

海明威在中篇小说《老人与海》中讲述了一个富有含意的故事。

故事主人公古巴老渔夫圣地亚哥连续 84 天没捕到鱼，最后独自钓上了一条大马林鱼。但这鱼实在太大，他在海上斗争了三天，最后这条大鱼才被杀死绑在小船的一边。然而，在归程中渔船一再遭到鲨鱼的袭击，大鱼也被鲨鱼蚕食殆尽，最后回港时只剩下鱼头鱼尾和一条脊骨。老渔夫虽然年老，但骨子里总有一种不服输的硬汉精神，他仍旧努力坚持，在失败的风度上赢得胜利。因为，老人认为“毁灭”的可以是躯体，而坚贞的意志绝不能被“打败”。

《老人与海》这部小说是根据真人真事而改编的。1936 年，曾经在一次海难中搭救过海明威的老渔民富恩特斯出远海捕到了一条大鱼，结果在归程中被鲨鱼袭击，回来时只剩下了一副骨架。当时这件事就给了海明威很深的触动，并觉察到它是很好的小说素材，于是他产生了极强的创作欲，不久便创作了这部经典的作品。